«Quand Dieu créa le monde, il tenait à la main un sac plein de montagnes, mais le sac vint à céder au-dessus du Monténégro et il tomba une masse incroyable de rochers.»

Proverbe monténégrin

*Portrait d'Alexandre le Grand dit « Hermés Azara ».
Première moitié du IIe siècle apr. J.-C.*
Musée du Louvre, Paris.

HISTOIRE DU TEMPS PASSÉ

Préhistoire

Des traces et des signes

Depuis le paléolithique, le Monténégro a révélé de multiples traces de présence humaine ; les premières trouvailles remontent le temps. Armes de chasse, outils, bijoux, objets de culte, récipients, fibres et textiles ont attendu ces lustres, indispensables à l'aventure et l'évolution de l'homme. Des habitats, nomades ou sédentaires ont été extraits de la gangue ; quelques groupes, rassemblés en villages se sont installés en travaillant la pierre ; une multitude de grottes dont certaines ornées, furent certainement les premiers lieux de repli et d'expression. Fortins et tumulus pointillent le pays ; des forteresses élaborées dès l'âge du bronze, évoquent déjà des idées de stratégies défensives. La datation fait état d'une période allant par vagues, de 80 000 à 35 000 ans avant notre ère.

Antiquité

Déjà des hommes et des guerres

Les premières colonies considérées comme civilisation, les Illyriens, s'installèrent en masse sur le littoral monténégrin dès le XIIe siècle av. J.-C. Peuplades d'origine indo-européenne, ils furent apparentés aux populations des plaines de Russie méridionale et des plateaux d'Europe centrale. Ils se groupèrent en clans ou tribus et fondèrent Shkodrova – aujourd'hui Skadar – comme capitale de l'état d'Illyrie, proche de l'actuelle Albanie. Entre le VIIe et le VIe siècle av. J.-C. l'Illyrie subit une hellénisation de plus en plus forte du fait des comptoirs marchands grecs. Au IVe siècle av. J.-C. des Celtes s'installèrent sur ces mêmes territoires. Alexandre le Grand, le flamboyant conquérant, invaincu sur tous les terrains de bataille, battit les Illyriens en 335 av. J.-C. et colonisa la côte. Soumis sur terre, les Illyriens se tournèrent vers la piraterie le long de la côte adriatique mais les Romains – qui plus tard annexeront l'ensemble des Balkans – débarqueront en 229 av. J.-C. et feront régner l'ordre en maintenant une paix durable. Avant le début de notre ère, ç'en est fini du royaume illyrien qui devient une province romaine. En 395, le Monténégro fut rattaché à l'Empire romain d'Orient.

Moyen-Âge

Brassages et mouvements

Dès le Vᵉ siècle, le Monténégro fut assiégé par les Avars et les Goths, juste avant que des Slaves mélangés aux tribus en place ne s'installèrent durablement. Avars et Goths étaient issus des proto-bulgares, peuplade d'Asie centrale dont certains, deux siècles avant, avaient appartenu aux hordes des Huns d'Attila qui se fixèrent également dans l'actuelle Ukraine. En 626 de notre ère, les Avars furent défaits et repoussés en Illyrie. Byzance, soutenant l'intégration des peuplades slaves favorisa Croates et Serbes qui, de fait, supplanteront les Avars.

Au XIVᵉ siècle, la dynastie des Nemanja nomma Etienne Douchan, 1ᵉʳ empereur de Serbie, à la tête de l'Empire de la grande Serbie comprenant la Macédoine, l'Albanie et l'Épire, région montagneuse d'Albanie considérée comme frontalière et proche de la Grèce.

C'est vers 1500 que le Monténégro devint un territoire de l'Empire ottoman mais la mort de Soliman le magnifique, en 1566, marqua la fin de l'empire basé sur un modèle de raffinement. L'empire ottoman fut fondé par l'une des vingt-quare tribus turques s'étant adjugé l'Anatolie au désespoir de l'Empire byzantin.

Époque moderne

Un petit pays devenu grand

En août 1944, par le lien des alliances et des affinités, le Monténégro – avec la Serbie – décide d'entrer en guerre contre l'Autriche-Hongrie. Le roi du Monténégro part en exil en Italie en 1916 et entraîne la fin de la dynastie. L'appellation « Royaume de Yougoslavie » est acceptée en 1929. En Avril 1941, la Yougoslavie est attaquée par les troupes de l'axe ; s'ensuit la capitulation et le partage de la Yougoslavie. Le Monténégro est placé sous gouvernance italienne. La République populaire fédérative de Yougoslavie est proclamée en 1945. Le 3 juin 2006, le parlement du Monténégro proclame l'indépendance de la nouvelle République socialiste de Monténégro. Désormais, il siège à l'ONU dont il est devenu le 192ᵉ membre. Le Monténégro s'est auto-proclamé « État écologique » et fut le premier État au monde à l'inscrire dans sa constitution.

Bas-relief (armoiries) du palais Bujovic, construit en 1694 à Pérast, bouches de Kotor. Aujourd'hui, ce palais est un musée.

Le 18 juillet 2017,

Le CE THALES RUNGIS et l'agence TANGO sont heureux de vous offrir la possibilité de prolonger les bons souvenirs de votre séjour au Monténégro. Rémy JOUSSE. TANGO.

Monténégro

Fenêtre sur les Balkans

Sergio Cozzi

– 1ʳᵉ édition –

ISBN 978-2-915002-49-2

Un regard sur notre monde

Déjà parus dans la même collection :

SCANDINAVIE, l'Europe des grands espaces
TRANSSIBÉRIEN, voyage dans un train de légende
CHINE, le réveil de l'Empire
BRÉSIL, rencontre avec un géant
ROUMANIE, notre sœur latine
JORDANIE, grandeur du petit royaume
OUZBÉKISTAN, au cœur des Routes de la Soie
OUEST AMÉRICAIN, grandeur nature
MONGOLIE, un été au Pays du Grand Ciel
CROATIE, douceur Adriatique
VIETNAM, parfums d'Asie
ALASKA, entre rêve et nature
RUSSIE, au fil de l'eau et de l'histoire
GALICE et Compostelle, l'autre Finistère
PORTUGAL, un jardin sur l'océan
HAUTES VALLÉES DU NÉPAL
PÉROU, Terra Andina
ARGENTINE, la conquête du Sud
RÉPUBLIQUE DOMINICAINE, Terre métisse
ISLANDE, voyage aux origines du monde

© Éditions Géorama
14, rue Boussingault
29200 BREST

Guerre dans les Balkans

La guerre des Balkans dans l'ex Yougoslavie s'est étalée entre 1991 et 2001. Ce fut une série de conflits politiques, religieux, économiques, ethno-religieux et culturels mêlant les six républiques réunies par Tito. On estime à 300 000 morts le bilan des pertes humaines et on assista à un million le nombre de personnes déplacées. Suite aux violences perpétrées par les différents antagonistes, on a parlé d'un véritable génocide, dont les chefs militaires traqués, payent aujourd'hui leur implication. Les guerres en Croatie et en Slovénie devaient préserver l'unité yougoslave. Le conflit serbo-croate se compliqua avec l'intervention de la Bosnie, et l'apparition de mercenaires qui prirent position dans les rangs croates et bosniaques.

*« Enfin le 14, à l'aube, les côtes du Monténégro sont en vue.
De gros nuages d'orage pèsent sur toutes les montagnes…
À midi, nous mouillons en rade de
Gravosa (Raguse), au pied même des écrasantes montagnes.
En levant la tête, on aperçoit tant et tant de choses suspendues
dans l'air, presqu'au-dessus du navire, tant de villages, d'églises,
de bois, d'arêtes de rochers, que ce n'est plus vraisemblable.
On a la sensation d'un renversement de plans de perspective,
d'un retournement du monde… »*

Pierre LOTI, *Journal intime* 1881

PORTRAIT D'UN DICTATEUR ADULÉ

Maréchal Tito, l'unificateur 1892/1980. Homme politique et militaire, il a été le plus grand opposant au régime nazi d'Hitler. De père croate et de mère slovène, il a dû composer toute sa vie afin de faire vivre ensemble, en bonne harmonie des gens de confessions, d'ethnies et de cultures différentes. Véritable « Père de la nation » il fût respecté – aimé ou détesté – fort d'une autorité exacerbée d'où son nom de Tito, qui veut dire : « Toi fait ça ». Fin tacticien, diplomate et habile politicien, il adapta sa célèbre phrase pour asseoir son règne et son dictat : « La Yougoslavie a six républiques, cinq nations, quatre langues, trois religions, deux alphabets et un seul parti ». Tito crée alors l'État où l'on reconnaît toutes les différences – sauf politiques – qui ne devront s'exprimer que par le bureau central du Parti dont il est l'unique chef. N'empêche qu'il réussit son pari de rassemblement en faisant plier Staline, « l'homme de fer », n'hésitant pas à s'allier avec les Américains qui le protégeaient. Tito s'était tourné vers eux, uniquement par tactique. De ce fait, il a renvoyé les deux blocs de la guerre froide dos à dos, tout en gardant son indépendance. En 1967, la Yougoslavie est le premier pays communiste à s'ouvrir au tourisme. En 1968, lorsque les Soviétiques envahissent la Tchécoslovaquie, il les critique catégoriquement, ce qui améliore encore son image auprès des Américains et des Occidentaux. C'est à sa mort, en 1980, que l'union sacrée explose : autonomistes, religieux, communistes staliniens, indépendantistes, monarchistes ; tous ont ressorti les vieilles rancœurs étouffées. Le pays est alors entré dans un conflit qui le mènera au bout de l'horreur.

*Le monstre des mers va dégueuler ses véhicules ;
après avoir bravé la mer, l'aventure peut commencer.
Le poisson pilote nous montre la direction...*

TRAVERSÉE
La mer par son travers le plus droit

Mon périple démarre ici au milieu des eaux, ni fougueuses, ni lumineuses. L'Adriatique est un joli nom, charmant à dire, à prononcer et à entendre ; pourtant chez moi, à Marseille, on a la même mer ; seule la botte italienne a perturbé les cartes marines. Dès qu'un obstacle entrave une étendue, on s'oblige à détecter un microclimat, une mer plus salée ou moins porteuse et le nom change ; pourtant je suis certain qu'ici aussi les rougets glissent sur les fonds limoneux, que les soles s'endorment sur le sable et que les loups chassent aux gros temps. Je suis sur le pont ; Bar est à portée de vue et la brume atteste d'un temps maussade. Derrière, j'ai laissé Bari, dernière citée italienne écrasée de soleil et dépourvue de monde. Seuls les feux verts et rouges s'alternaient sans larmoyer. Sinon le peuple avait tiré les volets en attendant l'ombre du soir.

Le ventre du ferry dégueule ses véhicules ; j'arrive à m'extraire du mastodonte et dès les premiers tours de roue, je me sens en partance. Pas pour longtemps car à chaque voyage, sitôt débarqué je ne peux m'empêcher de stagner ; m'attabler à un comptoir. Un café peut faire l'affaire mais aujourd'hui deux bières (*pivo*) feront la bonne mesure. Distiller la vie est une aptitude particulière et salvatrice.

Mais à tout prendre, je préfère être en vie qu'en bière ! Le mercure s'entête à progresser et moi je suis dans un panier d'osier ; si je veux, je peux rester la journée à méditer et imaginer par où je pourrais bien commencer mon périple. Je n'ai pratiquement jamais préparé un voyage, surtout quand je suis en solitaire. Je bouquine juste un peu des ambiances pour plonger dans le rêve. Ce n'est pas une aventure, c'est du bonheur intégral. Je n'ai pas d'horaires, pas de route précise, ni plan ni billet ; j'ai un guide que je ne consulte pas, je risquerais de ne pas me perdre. Mon seul souci est de démarrer, après ça se fera tout seul.

J'ai tellement laissé traîner mes méninges que j'en suis arrivé à l'heure du déjeuner, mais il fallait ça pour prendre l'élan ; puis d'un coup, repas fini et digéré, sans m'avertir, mon corps s'est levé ; j'ai du suivre !

Bari/Bar, saut de puce en "terra incognita"

Bar, grosse bourgade tranquille avec son port restreint, ses boulevards grands comme des avenues et une nonchalance palpable. Le farniente semble planer à longueur de temps. Ça sent l'Italie qui n'est pas si loin, neuf heures de bateau à dix-sept ou dix-huit nœuds. Un parc, des traînards mais déjà des signes de la foi. Une église qui se projette dans l'avenir. La chaleur me pousse aux vêpres ; il est seulement 17 heures et par bonheur l'église est ouverte. En langue slave, *vespérina* affiché sur le panneau extérieur signifie « soir ». Mais vêpres ou *vespérina*, je vais pouvoir me reposer au frais ne serait-ce qu'une demi-heure. À l'intérieur nul bedeau ni âme qui vive. Seule une fraîcheur divine me requinque. 18 heures, dehors le soleil est encore vraiment haut, j'ai largement le temps d'aller à Stari Bar, à quatre petits kilomètres. Stari Bar, c'est la vieille ville autrefois fortifiée, édifiée au pied du mont Rumija. On est sur le plus grand site archéologique médiéval du Monténégro. Les vestiges se visitent ; au point le plus haut, se découvrent la mer et des montagnes qui paraissent toutes infranchissables. À l'intérieur des fortifications, il subsiste les fondations d'une église transformée en mosquée par les Turcs ; plus loin quelques ruines d'un monastère franciscain et des traces de fresques serbo-byzantines. Les influences ont été nombreuses : Byzance, Turquie, Serbie, la Zeta et la république de Venise. Hors des remparts, la vieille ville s'est adaptée à l'époque ; les échoppes s'enchaînent sur la pente rude de la rue principale. Flâner au fil des commerces apaise et prépare au voyage. Mirovica ; à l'entrée de la ville subsiste soi-disant le plus vieil olivier d'Europe ! Son nom : Stara Maslina. Âgé de 2 000 ans il est protégé par une loi et fait partie du patrimoine local. Malgré son âge avancé, il donne encore des fruits.

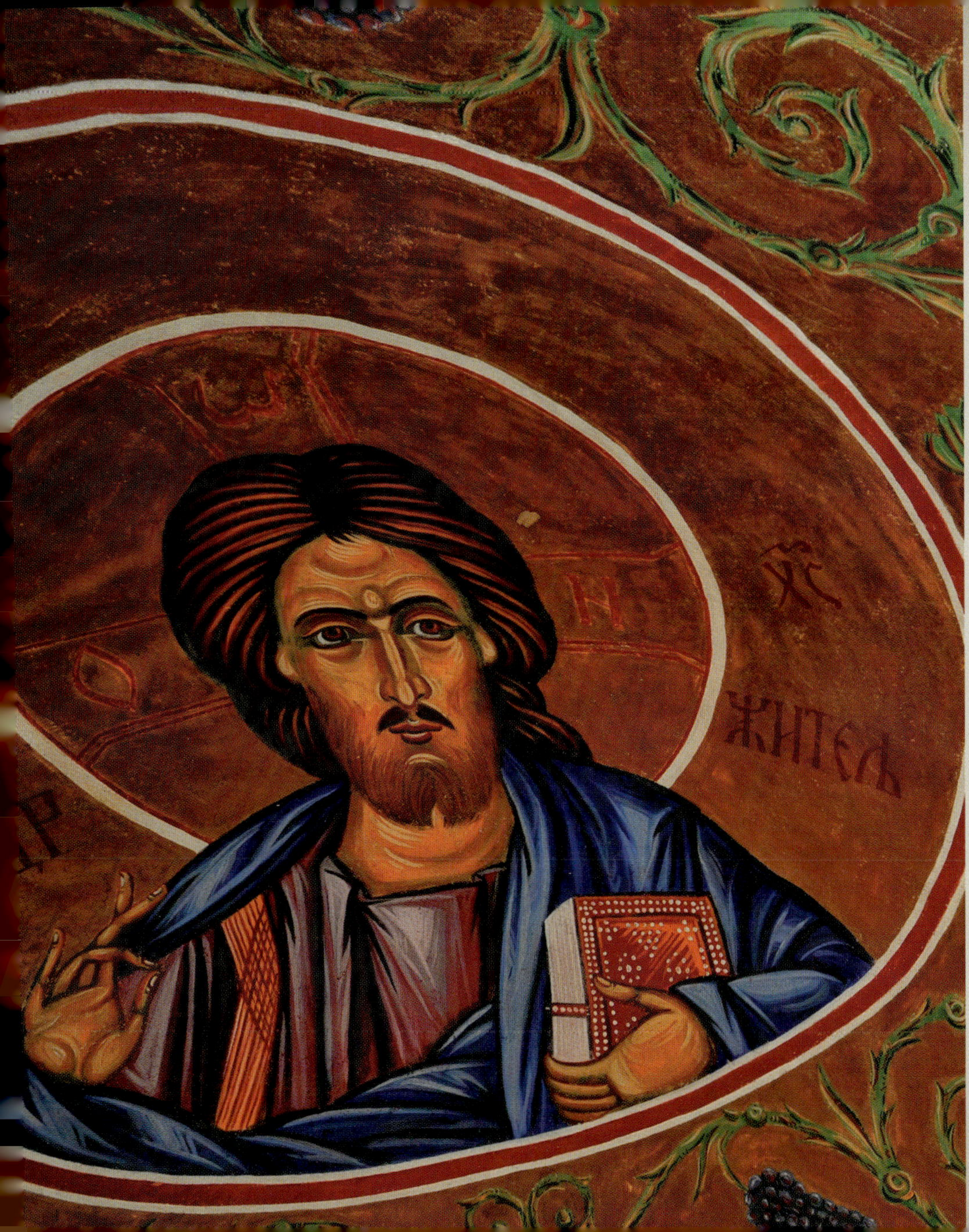

Saint Vladimir était prince de Dioclée (970-1016). C'est le 1er saint du Monténégro, adulé par les orthodoxes des Balkans... Avant le XIIe siècle, il était également vénéré par l'église catholique.

Cet olivier, avec ses 2 000 ans, est le plus vieux d'Europe. Son nom, Stara Maslina, signifie « vieilles olives ». Le régime grec était déjà d'actualité !

La ruelle centrale de Stari Bar, la « vieille ville », est un passage incontournable. Elle mène au porche de la cité médiévale.

*Stari Bar s'est construite sur une falaise imprenable par trois côtés.
Sa position défensive et son eau potable ont justifié son implantation à quatre kilomètres de la ville de Bar.*

*Un œil indiscret découvre la tour de l'horloge, plusieurs fois réhabilitée.
C'est l'empereur Justicien qui, au Ve siècle, fonda Stari Bar.*

Le porche massif de l'entrée de la citadelle.
Théâtre antique en guise d'espace culturel.
Enceinte principale en excellent état de conservation.
Mosquée fraîchement construite à Mirovéca avec ses deux minarets s'élançant dans l'azur.

Noyée dans les oliviers, vision d'une partie de la citadelle lorsqu'on arrive de Stari bar.

*Le lac Skadar, aussi beau que le lac Titicaca au Pérou ;
tout autant mystérieux que la baie d'Halong au Vietnam.
À Virpazar, monument en mémoire des premiers renégats,
insoumis en 1702.
Sur le miroir, un bateau joue à « glisse touristes ».*

LAC SKADAR
Un port tranquille sur un lac serein

Virpazar est le prochain maillon de mon odyssée. Les trente-cinq kilomètres qui me séparent de Bar sont un festival de tournants ; bien plus tard j'ai eu de vraies frayeurs sur des routes sans rambarde qui procuraient une vraie chance de plongeon dans un ravin, un lac ou un précipice ; si on peut appeler ça une chance ! Au sortir de cette descente tourmentée, un paysage époustouflant me tient en haleine. Je suis au Pérou sur les bords du Titi Caca. Skadar lake, le plus grand des Balkans, à cheval et partagé – comme au Pérou – entre deux pays : Bolivie pour l'un, l'Albanie pour l'autre. Le bassin du lac Skadar s'étend à une altitude de vingt-huit mètres en dessous de la mer mais la surface de l'eau est à six mètres au dessus. C'est la plus grande crypto-dépression d'Europe. Alimenté par les rivières Moraca et Rijeka Crnojevica, il se déverse dans l'Adriatique par la Bojana.

La vie sur ce territoire aquatique est variée et multiple. vingt-deux espèces de poissons sont répertoriées et 280 oiseaux y nichent de façon intermittente ou sédentaire. Une cinquantaine d'îlots ou presqu'îles ponctuent sa surface qui prend des teintes parfois hallucinantes et irréelles. Des petites criques à l'abri des convoitises sont légions ; les dénicher décuple le plaisir de l'itinérance. Le lac Skadar fait partie d'un parc national de 44 000 hectares.

Protégé et classé depuis 1983, il s'est vu rajouté sur la liste des « zones humides d'importance internationale » par la Ramsar Convention. On peut avec certitude affirmer que la région du lac Skadar est le siège de la beauté naturelle. J'arrive donc à Virpazar, siège de la première insurrection au Monténégro ; autre coup de cœur, même si l'endroit est touristique, que le village est vite saturé et que les bateliers rivalisent de palabres.

Virpazar est reposante malgré tout et malgré le mois de juillet. Le pont enjambe la rivière où tanguent quelques barques agglutinées bord à bord. Pêcheurs et autres caboteurs se partagent l'économie du lac : les touristes et le poisson. Pour la surprise, le lac est au bout ; argenté, majestueux et silencieux. J'ai eu droit à d'autres images, les rochers karstiques de la baie d'Halong au Viêtnam. Déambuler dans les méandres à la rencontre des pélicans, des cormorans et d'une faune moins visible à le pouvoir de vous rassasier en vous remplissant d'émotions. Au hasard, je cherche une route qui longe le lac ; ca y est j'y suis mais nous sommes un dimanche et le peuple est sorti en masse. Premières impressions, les autochtones roulent sans règle apparente, doublent sans visibilité et sans limite de vitesse. Peut-être que l'indépendance et la démocratie leur ont donné des ailes ?

Gianni est serbe

Pêcheur au lac Skadar, il devrait être retraité mais n'est pas prêt de s'arrêter, sa vie s'est faite sur l'eau et rester à terre le ferait tanguer ; Il a presque toujours vécu ici et tout le village le connaît.
Il devait m'emmener à la pêche contre une petite rétribution. Mais le lendemain, son fils est arrivé et le tarif affichait 20 € l'heure de pêche. Je lui ai payé une bière à 2 €.

Vranjina, je reviendrai

Je croise un village, Vranjina. Coup de frein brutal à la serbe. Là, ce n'est pas un coup de cœur, c'est un coup violent. Je reste longtemps à contempler cette enclave sortie d'on ne sait où. Vranjina est flanqué au bord d'une route à grande circulation. Adossés à la montagne lovée en cirque, les habitats s'entassent comme à Naples. Au pied de ce bourg, une cuvette d'eau où s'amarrent les bateaux de pêche et balades à touristes. On est à un bout du lac Skadar. La route magistrale est en hauteur et un tunnel permet aux habitants des lieux de passer dessous avec leurs embarcations afin de rejoindre les zones de pêche. Quel est ce charme qui m'a sauté aux yeux ? Bateaux à fond plat colorés, crique en forme d'arènes où les masures s'agglutinent, se chevauchent, se mangent l'hospitalité et l'intimité. Là on le sent, le peuple a besoin du peuple, le monde est fait pour vivre ensemble. Que des marins, pêcheurs de lac, et ce n'est pas péjoratif. L'horloge rythme la vie. On se lève, on lambine, on papote en vérifiant le matériel mais sans plus ; sur la berge des femmes en noir comme en Sicile ; des vieilles, des jeunes avec le ventre en avant, aux allures provocantes. Ça sent l'adultère, la transpiration, les cris et les joies bruyantes ; ambiances qu'aurait adoré Fellini.

Le cinéma italien aurait pu avoir son creuset dans cet enclos fermé et réduit. Après le repas, la sieste qui n'attend pas et les premiers courageux qui s'élancent à 18 heures au-devant de l'espoir : remplir la nasse. Les anciens attendent la marée, leurs petits enfants dans les bras. Des femmes seules, déjà veuves, des adolescents, des vieux parfois, glissent sous le pont qui débouche sur leur océan.

On sent que le monde vit et meurt ici. La morosité s'affiche sur les visages, les habits sont amples ou tachés, démodés et rapiécés. Le poids de l'histoire s'est arrêté dans ce port perdu et les larmes n'ont plus ce goût salé des premiers baisers ou des pleurs juvéniles. D'accord, l'endroit est légèrement glauque mais impossible de s'arracher d'ici. Je parle à des ivrognes, à la jeunesse, et des papis me permettent la photo d'un sourire édenté. L'un deux, Milan, attend son fils parti au lac depuis hier vers l'Albanie. Là-bas la pêche est assurée mais les indigènes surveillent, tirant parfois si l'alcool leur monte à la tête. Pour tromper son angoisse, il m'enseigne en italien que les deux mamelons sur lesquels s'accroche le village se nomment affectivement « les seins de Sophia Loren ». Pauvre vieux condamné à me réchauffer le cœur d'une anecdote qu'il a dû raconter mille fois avec ce même sourire cartonné. La vie est triste et tellement riche. Le monde vivant ne parle pas, il crie et vocifère, hurle des prénoms ; d'autres ricanent d'un rien et les chiens se soulagent sur place. Ensuite le silence s'installe, juste perturbé par une barquette qui déboule à fond. Tout le port tangue et l'anse chavire, puis le calme s'impose ; l'onde, un moment déchirée, s'est remise au pli. Il y a bien quelques odeurs remuées qui collent bien à la couleur locale. J'en suis certain, c'est tous les jours le même scénario. Finalement je vais dormir ici dans la moiteur d'un soir rempli de moustiques, avec en fond sonore des aboiements de chiens errants, quelques rires saccadés et sous un lumignon blafard, une dernière dispute d'un couple prêt à se réconcilier.

*Coup de cœur pour une ambiance felliniienne à Vranjina.
Des bateaux englués dans des marécages ; le monde est en sieste…
Bonne pioche et beau coup de filet !*

Cormoran cendré, caché dans les roseaux.
Entre le lac et l'air, des montagnes ; toute une atmosphère.

Un tableau de Monet grandeur nature, jeté dans l'eau en pâture.

Où « rester en rade » prend tout son sens…

Deux îlots au large de Pétrovac : Katic et Nedjella.

GRAND SUD ET LITTORAL

Cabotage le long du littoral... par la terre

Au petit matin, malgré les ardeurs du soleil, j'ai le réveil amer. Un mauvais goût dans la bouche et dans le cœur. Pas même un bistro pour traîner mon amertume en trouvant des raisons d'espérer. Je m'échappe sans plaisir et vais devoir trouver autre chose. Comble de morosité, je dois refaire les trente-cinq kilomètres qui me séparent de Pétrovac ; c'est la troisième fournée.

Pétrovac est un village de pêcheurs mentionné dans des écrits dès le XIIe siècle. La plage atteinte, il faut supporter ce monde affairé. Il est 15 heures, le soleil est pratiquement au zénith et le monde s'attable encore. Les midinettes courtisent les échoppent où pendouillent foulards, robes vaporeuses et babioles rutilantes. Pantalons blancs et bandanas peuvent se supporter sur un même clou. La circulation pédestre n'est pas si désagréable... D'un côté les maisons anciennes, en pierre du XIXe siècle, charmantes, dont les tonnelles recouvertes de magnolias et les toits de briques colorent la promenade agencée sur quelques centaines de mètres. Balcons et balustrades donnent un certain cachet à l'ensemble. Au bout, côté port, un château vénitien du XVIe siècle, Kastel Lastva, transformé en café, se trouve à l'aplomb de la mer, là où la roche stratifiée fait sa belle. Retour côté mer où quelques bancs entre palmiers et oliviers agrémentent la balade. Transats et parasols sont au cordeau en attendant l'heure du bain. Au large, trônent deux îlots : Katic et Nedjella, érigés par des marins reconnaissants, sauvés d'un naufrage certain. Le soir, toujours même rituel : trouver un endroit assez sûr pour dormir. Il faut sentir les ambiances. L'habitude du voyage favorise les ressentiments.

Le monastère de Recevici est en bordure de route. L'ensemble est magnifique ; daté du XIIIe siècle, bien planté sur son assise, une muraille de pierre cerne le complexe flanquée de cyprès. L'accueil se fait par le porche et sa voûte en guise de protection. Le prieuré et le campanile fleurent bon la méditation, l'appel au calme intérieur. J'apostrophe un homme en noir. Nicolas est pope et vient du mont Athos où j'ai moi-même résidé pour des photos plus ou moins interdites. On a discouru tant qu'on avait du vocabulaire puis la nuit s'est déclarée. J'ai pu faire toutes les photos désirées. Le voyage commençait sous les meilleurs hospices.

Ambiance italienne au monastère de Recevici.
Fresque intérieure.
Esplanade où déambule le monde quand il s'affaire.
Avancée sur la mer, pour mieux appréhender le golfe.

Isthme à Przno, considéré comme un petit Saint-Tropez… Avec ses pieds dans l'eau.
La baie de Pétrovac.
La mer ondule et la terre se plisse ; un pêcheur motivé y trempe son bouchon.

La presqu'île au trésor

J'ai hâte de voir Sveti Stefan, ancien village de pêcheurs autrefois pirates. La légende raconte que douze grandes familles, les Pastrovici, s'étaient alliées afin d'élaborer une forteresse et douze maisons, grâce au trésor d'un navire de guerre turc qu'ils avaient pillé. Comme au Mont-Saint-Michel, la presqu'île est reliée au continent par une bande de sable aujourd'hui bétonnée. L'île a connu plusieurs rebondissements depuis son abandon par les pêcheurs. La Yougoslavie de Tito, en 1955, en fit une résidence pour sa nomenclature. Oubliée ensuite, elle revint en force afin d'accueillir le monde *people* jusqu'aux événements de 1990. Après la guerre, plusieurs acheteurs se sont essayés à la gestion de cet ensemble immense malgré tout. Fermée quelques années jusqu'en 2010, elle a été rachetée par Aman Resort, un groupe axé sur le tourisme de luxe. La seule solution pour pénétrer sur l'île des pirates est de réserver une chambre au prix exorbitant. Finalement les pirates ne sont pas tous partis ! Donc je fuis ce lieu et poursuis mes errements plein ouest ; direction Kotor et ses bouches. J'essaie de visiter chaque plage, le plus petit village, la moindre chapelle. C'est dans cet état d'esprit que je fais une virée à Przno et sa belle crique, un petit Saint-Tropez légèrement préservé du bétonnage. Les quelques habitants devenus riches grâce à la manne touristique providentielle sont des privilégiés, qui ne pouvaient espérer pareille aubaine. Malheureusement la pêche a disparu mais les poissons ont retrouvé la liberté. La plage est bondée et les serviettes éponge tapissent la parcelle de sable chaud. Milocer jouxte Przno ; cette petite enclave fut adorée des souverains du Monténégro comme résidence d'été.

Sveti Stepan (Saint-Stéphan), presqu'île, fief d'anciens flibustiers devenus riches du commerce des pillages maritimes, s'est reconvertie dans le tourisme de luxe : les pirates sévissent toujours !

BUDVA LA LÉGENDAIRE

Budva est citée par Sophocle (vᵉ siècle av. J.-C.) Au 1ᵉʳ siècle, Pline l'Ancien parle à son tour de l'*oppidium butuanome*. La mythologie grecque revendique la naissance de Budva à Cadmos, fondateur de Thèbes. Il serait arrivé là pour fonder Budva et donner naissance à un dernier fils, Illyrius. Budva dériverait du nom des bœufs tirant le char royal.

Démesure d'une ville mythique

J'ai tellement avancé que je tombe sur Budva sans m'en rendre compte. L'entrée par la ville est assez décourageante. Trop peuplée, trop bruyante avec une circulation incessante, des taxis en surnombre qui vous guettent sans toutefois vous alpaguer. J'arrive à me garer pas trop loin de la plage et de la vieille ville. Les boutiques du centre sont modernes, éclairées, les vitrines sont larges, toutes gérées par des vendeuses triées, j'imagine, sur le volet du critère des canons de la mode. Il vaut mieux être une poupée Barbie qu'une bonne vendeuse. Normal, Budva est une usine à touristes ; les Russes, entendez « les nouveaux riches » sont omniprésents dans ce paysage commercial. Ils aiment sortir des liasses d'euros négligemment, comme par inadvertance. J'aime bien le peuple russe, celui qui trime et qui doit s'enfoncer aujourd'hui dans la taïga pour fuir l'escalade des prix de Moscou, ville la plus chère du monde. Ces néo-richards n'ont rien connu de leur histoire. Ils n'ont pas vécu les famines fomentées, les goulags de Sibérie, les arrestations arbitraires, les heures d'attente devant des boutiques alimentaires vides. Pourtant ils ne sont pas fautifs mais seulement opportunistes. Un système s'est mis en place, ils l'ont utilisé.

Un des passages d'accès à d'autres niveaux.
Bar Hemingway… Sous l'œil du leader Maximo.

Aujourd'hui, peut-être par atavisme, ils dépensent sans compter. Ils sont devenus gros, presque obèses, pratiquent la musculation, se bourrent de protéines et certains même se mettent à bronzer ; un comble ! Pour m'adapter à ce bouillon de vie, je m'attable au bar Hemingway, à Slovenska Obala. Pour consommer, il me faut du liquide mais surtout des ambiances et là, je me retrouve à Cuba sous la photo du leader Maximo et de l'écrivain Hemingway. Un peu plus loin, un espadon un peu kitsch est empalé dans le mur. Sinon l'ocre pisseux et le vert bouteille résonnent bien des ambiances caribéennes. Budva, pour ceux qui aiment, est un site majeur du Monténégro, le plus grand attrait touristique après les bouches de Kotor. Quelques plages minuscules blotties entre des avancées rocheuses rivalisent de beauté et alternent avec les grandes étendues de plus de deux kilomètres. Pour les adeptes, le choix est large.

Strates plissées, en guise de parchemin, juste pour compter le nombre des années.

Pas facile d'accès ; comme quoi le bonheur doit se mériter !

Budva, ville de la beauté au féminin, a été bien inspirée de figer cette gracieuse ballerine en guise d'accueil.

Quelques anses entre les caps calcaires retiennent les ardeurs du soleil. Toute la frange côtière de la *riviera* fort découpée doit se faire à pied, afin de ne pas rater un joyau souvent isolé. Sur une des deux parties de la plage du Jaz, le nudisme se pratique avec discrétion. À une extrémité de la citadelle, un tunnel débouche sur une place puis une plage avec des bâtiments résolument modernes qui vous dirigent vers les rochers, et un petit sentier de balade. Dansant sur l'eau de la mer, une statue frêle et gracile représente une petite ballerine en extase corporelle. D'autres plages sont pratiquement au centre de la ville comme Brijeg et Pizanica. La plus grande de ce court littoral est la plage de Becici, longue de deux kilomètres ; on la devine de loin, bien arrondie dans son anse.

Dans le ventre de la bête

Quittant le sable pour se sustenter, consommer, écouter de la musique ou repérer un resto du soir, il faut pénétrer intra-muros et se laisser pousser par la foule qui lambine. La citadelle bâtie en forteresse avec ses murs élevés, se pénètre par deux portes énormes. À l'intérieur, une ancienne caserne autrichienne mais aussi d'autres bâtisses de notables. Les ruelles sont un dédale de passages étroits et exigus où tout se vend ; des boutiques de fringues, des ateliers d'artistes, des souvenirs, de l'artisanat pas très élaboré ni varié. Outre tout ce que l'on trouve dès que le tourisme s'installe, les métiers de bouche pullulent. Les gargotes rivalisent de propositions culinaires où les produits de la mer se taillent la part du lion ou du loup de mer. On se croirait dans un souk à l'occidentale. Curieux mélange de civilisations qui dictent leurs envies et leurs besoins au fil des saisons. Locaux, visiteurs, touristes, travailleurs de l'ombre, un monde inouï se côtoie sans se voir. La citadelle mérite de se laisser visiter ; à chaque croisement, on peut savourer avec surprise des lumières étouffées, des ambiances intimes, de l'architecture élaborée, des cours intérieures, tout en finissant chez l'habitant par pur hasard. Des affiches placardées dans ces venelles ne laissent pas indifférent.

Dans les venelles de Budva, les effigies se répondent en miroir.

Difficile d'y échapper mais ce n'est pas désagréable surtout pour un photographe qui peut s'appuyer sur cette publicité outrageuse ; dans ce contexte, ça touche à l'art. À chaque rue ses photos de mode qui ricochent, semblent se répondre ou être complices. La magie du lieu permet d'oublier le temps. Ce labyrinthe qui nous rend prisonnier permet l'échappée belle. J'ai exploré tous les recoins et j'ai mal tourné ; j'ai trouvé un petit bouge à ma main et j'ai succombé. Pour la photo, j'ai vite adressé la parole au monde, payé ma tournée puis chacun a remis la sienne et je suis sorti à la nuit tombée. Voila, c'était Budva.

Comme toujours, les femmes disposent…

*Le moindre détail présage aux rencontres : une poignée qu'on tourne,
un heurtoir qui vous annonce ou un porche pour vous conduire. Osez l'imprévu !*

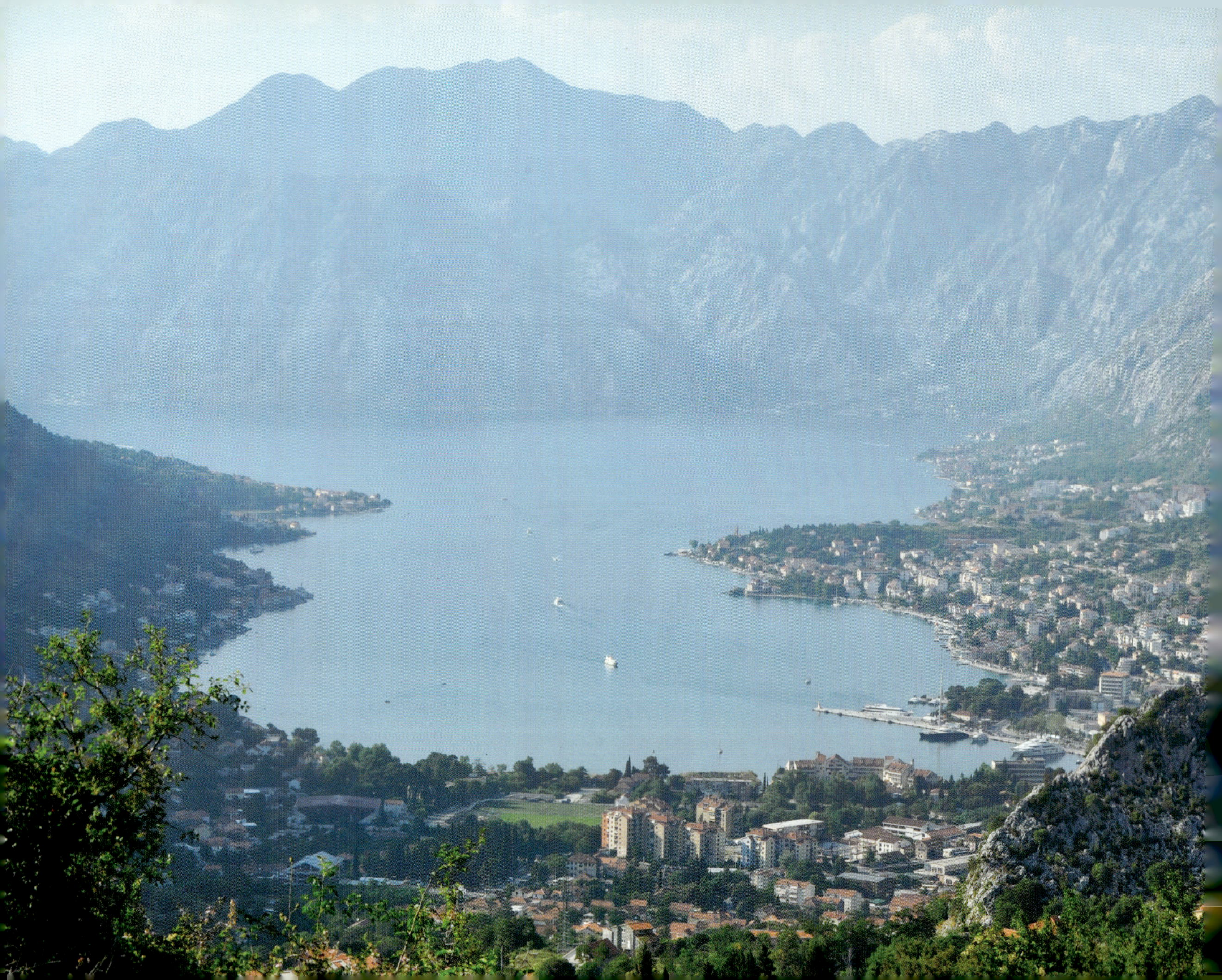

*Une belle ouverture sur les bouches de Kotor,
et Kotor ville, dans une caldera.
La croisière s'amuse… Si ça vous dit…*

BOUCHES DE KOTOR

Bouches, baies, golfs et détroits

Les bouches de Kotor, baignées par la mer Adriatique, s'étalent sur la partie occidentale du pays ; elles forment une large baie, considérée comme le fjord le plus méridional de l'Europe. À l'intérieur deux détroits, Kumbor et Verige, et quatre golfs distincts harmonieusement répartis, permettent à une multitude de petits ports et villages d'afficher leur beauté fatale. Herceg Novi, Risan, Kotor et Tivat, par cette particularité géographique, se sont trouvés naturellement et largement à l'abri du mauvais temps. C'est ce qui a incité la marine austro-hongroise et plus tard yougoslave et monténégrine à se baser dans ce repli marin afin de bâtir à Tivat un arsenal militaire. L'économie des bouches de Kotor était répartie entre la culture de l'olive, le produit de la pêche et les marines marchande et militaire. Si la marine militaire est devenue peau de chagrin, la pêche artisanale et l'olive ont su traverser les époques, puis le tourisme et la marine de croisière ont trouvé dans cet écrin exceptionnel, un terrain idéal de villégiature. Quand aux influences extérieures, les cultures latines et byzantines ont laissé durablement des traces architecturales, religieuses et comportementales.

LA MARINE DE KOTOR

L'économie de Kotor était dédiée totalement à la marine, la pêche, et selon les époques et les circonstances, accessoirement à la flibuste, elle s'était établie à partir du IXe siècle disent les textes. La Marine jouissait d'une telle réputation qu'elle éveilla des vocations. Au zénith de sa gloire, au XVIIIe siècle, la flotte était armée de 300 vaisseaux servis par 3 000 marins expérimentés. Ses statuts datent de 1462. On apprend que sa réputation, dépassant les frontières, marqua les esprits jusqu'à la cour de Russie qui envoya plus d'une centaine de futurs officiers, tous issus de l'aristocratie.

Herceg Novi ; l'église du Saint-Archange-Michel, érigée en 1900, conjugue les trois styles byzantin, gothique et baroque. Ici l'exotisme est partout présent et la vue sur mer en toile de fond.

C'est à Tivat qu'on prend le bateau pour la visite de l'ensemble des bouches de Kotor. La croisière dure une bonne journée. De la mer, le point de vue est différent. Il est plus facile, depuis cette position stratégique, d'imaginer comment se sont construites les villes du littoral. La première surprise et le constat évident sont que les gens s'entassent alors que la place existe. Les églises sont toujours au cœur des maisons qui cherchent la protection. L'architecture devient évidente ; des enfilades entières d'ouvrages d'influence vénitienne sautent aux yeux, comme à Pérast. Une rupture géographique, un effondrement, un sol différent, une géologie néfaste et la face d'un petit bourg peut tout changer. La symbolique de cette réflexion est que pour avancer, il est toujours souhaitable de prendre du recul ! Première escale à Herceg Novi, cité médiévale plantée à l'entrée des bouches, avec la Croatie comme voisin frontalier. Elle fut fondée en 1382 par le roi de Bosnie Tvriko 1er. Depuis la mer, ce sont les fortifications qui s'imposent et mangent le paysage. La première indication confirme le rôle défensif de l'ensemble des remparts, tours de guet et autres bastions imprenables. Pourtant la forteresse a été en partie détruite par le séisme de 1979. Le temps a passé et Herceg Novi s'est tourné vers la culture, le cinéma, la danse, la philharmonie et les floralies. L'espace consacré à tous ces arts peut s'exprimer grâce à ces décors naturels à ciel ouvert. Chaque coin de rue, place, promontoire ou parc, participe aux mises en scènes. Sat-kula, la tour d'horloge plantée en haut d'un escalier providentiel, semble être un des lieux les plus convoités et photogéniques.

L'église du Saint Arcange Michel sur la place Belavista, érigée en 1900, condense trois styles d'architecture de la Bocca comme disent les Italiens : byzantin, gothique et baroque ; n'empêche que lorsqu'elle est éclairée, elle illumine la place. J'ai pu, avec l'accord du prêtre, faire des photos à l'intérieur sans problème ; des photos d'une clarté et d'une limpidité incroyable, disons une lumière divine ! La baie d'Herceg Novi a été reconnue comme l'une des vingt-huit plus belles baies au monde. La ville s'est appelée Novi, Castrum, Castel Nuovo. Rarement villes n'ont connu autant de dominateurs : Après les Turcs en 1482, ont suivi les Espagnols, les Vénitiens pendant plus de deux cent ans, les Autrichiens une dizaine d'années, les Russes et les Français de façon éphémère. Entre 1914 et 1918, l'Autriche-Hongrie. En 1923, Herceg Novi a été intégrée dans le district de la baie de Kotor mais après la capitulation de la Yougoslavie en 1941 elle a été occupée par les Italiens et les Allemands jusqu'à sa libération en 1944. Ce sont toutes ces influences du passé qui ont permis au patrimoine culturel d'avoir sa propre identité.

Avec son beffroi de cinquante-cinq mètres de haut, l'église Sveti-Nikole (Saint-Nicolas) ne risque pas de passer inaperçue. Pérast a des reflets italiens et des relents vénitiens. La douceur de vivre lui va si bien.

Dans les pays du sud, on entrebâille les volets.
Le soleil, les indiscrétions ; tout peut-être filtré sans se couper de la populace.

*Sur les murs, les couches des années se succèdent, s'accumulent, s'effacent.
Seule la porte résiste, dernier rempart à l'intimité.*

*Intérieur de l'église Gospa-de-Skrpjela à Pérast ; des peintures baroques exécutées par un artiste local, Lovro Dobricevic.
Église en bord de route entre Budva et Pérast.*

Deux îlots et deux églises forment un ensemble de toute beauté.
Quand le soleil termine sa ronde et que la lumière s'adoucie, le spectacle est sur les eaux.
Monastère Saint-Georges, anciennement habité par les Bénédictins.
Église Gospa-de-Skrpjela, bâtie sur un récif artificiel.

Il faut repartir en mer et visiter la grotte bleue, la plus attrayante de la péninsule Lustica. C'est une cavité ou peuvent rentrer au moins trois ou quatre bateaux ensemble. Elle a deux entrées presque opposées, ce qui diffuse une lumière particulière. Haute de neuf mètres et profonde de trois à quatre mètres, les eaux par réfraction sont d'un bleu émeraude étonnant. Il arrive régulièrement que les bateaux se retrouvent tous à l'intérieur. Petite pause pour les plus audacieux, la baignade est autorisée et les cris des uns et des autres donnent dans cet espace une ambiance mitigée de bonheur et d'insécurité. Au retour, l'îlot de Mamula semble posé comme un pâté sur l'eau. Île inhabitée, elle servit de prison durant les deux guerres mondiales. Une multitude de projets concernant son exploitation n'ont jamais abouti. Il est des lieux comme ça ou rien ne marche ; pourtant les excursions y sont appréciées. On débarque à Tivat, la « croisière s'amuse » s'achève. Après une nuit blanche, réveillé par les incessants mouvements de trafiquants appuyés contre mon véhicule et le portable qui n'arrêtait pas de bosser, je détale de Tivat.

La grotte bleue dans les bouches de Kotor,
attraction incontournable.
L'îlot Mamula, utilisé comme prison pendant les deux
guerres mondiales, se visite régulièrement.
Presqu'île paradisiaque dans les bouches kotoriciennes.

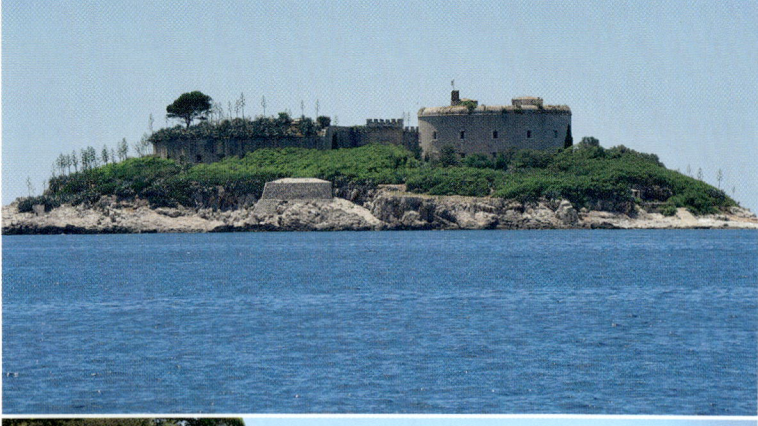

TIVAT, UNE MARINA SORTIE DE L'OUBLI

En novembre 2008, l'arsenal de l'ancienne puissance yougoslave ferme ses portes. Sous-marins russes et libyens, dans le plus grand secret, venaient ici pour la maintenance et les réparations. Un mur coupait la ville en deux, l'endroit stratégique était interdit. Curieux destin que celui de Tivat, condamnée à survivre. Il a suffi qu'un richissime Canadien, Peter Munk, patron d'un consortium de mines d'or, investisse en 2009 dans une hypothétique marina, « Porto Monténégro », coup de cœur, coup de poker et coup de folie, pour que Tivat sorte de l'ombre et passe à la lumière en attendant de faire mieux. En trois ans la marina rivalise avec toutes celles du monde. Monaco, Palma, Saint-Barth et Saint-Tropez. Boutiques de grand luxe, galeries, restaurants, boites de nuit ; rien n'est trop beau pour Tivat promise au luxe tous azimuts. Si elle n'a pas d'atouts, on les fabrique, pas assez de touristes, on va les chercher. Les projets pullulent, la place existe ; il faut seulement que les constructions arrivent à suivre la cadence. Aujourd'hui, Chinois, Russes, Polonais, Ouzbeks, Anglais, achètent des bateaux qui restent amarrés. Les places à l'année peuvent valoir 100 000 €. Mélange de luxe et d'apparence, un tee-shirt vaut 650 €, une paire de tongs 80 €, un maillot de bain pour homme 90 €, pour femme 200 € alors que les salaires s'étagent entre 300 et 400 € par mois. Les exigences sont hallucinantes. Une fleuriste s'est vue demander une seule fleur exotique venue d'Indonésie par avion ; coût, des centaines d'Euros. J'avais rendez-vous avec deux anciens ouvriers de l'arsenal ; ils sont satisfaits de cette mutation. Alexandre ancien ingénieur est devenu photographe et vend en galerie les clichés de l'arsenal. Nicolas s'occupe d'entretien et petite mécanique à bord ; pour lui ni amertume ni nostalgie ; il m'a simplement dit que les Slaves forment un peuple qui s'adapte. Mais il y a mieux encore ou pire, tout dépend où on se place. Un futur projet est en route. Un Égyptien va bâtir sur 400 hectares deux marinas en pleine garrigue, là où il y a ni route, ni eau, ni électricité… pour l'instant. Il y aura trente fois plus de structures hôtelières, de loisirs ou commerces, un millier d'appartements, huit hôtels, une école, un hôpital, le tout livré en 2015. Les autochtones vivent sur une planète qu'ils ne reconnaissent plus. Le destin de ce paradis échappe un peu plus chaque jour à ses habitants.

Donja Lastva… Si ça ce n'est pas un enclos de rêve ?
Petit port individuel avec un quai à demeure
et sa maison de maître.

Donja Lastva, paradis...

Direction le nord, vers Kotor, par la route. Je stoppe au troisième kilomètre, Donja Lastva avec son église au bord de l'eau est en plein office. Ses criques individuelles pour l'abri marin et le monde qui se baigne comme une habitude journalière et hygiénique. Le peuple se prélasse dans l'eau et parle de tout ce que la vie génère. Le Monténégro est un pays de jardins ; ici il est dans l'eau. Le calme est immuable, la vie semble s'écouler ; tout paraît d'une beauté incomparable. Je suis vraiment sous le charme de cet endroit paisible où la vie se distille. Une seule route à sens unique, des maisons en pointillés qui ont toutes un petit enclos sur l'eau, un port miniature parfois pour un seul bateau. Je crois que si je n'avais pas de contraintes, je vivrais ici au moins quelques temps, juste pour voir si je peux résister à cette vie distillée sous mes yeux, au ralenti. Il est 8 heures, je vais traîner jusqu'à l'heure du repas, manger des calamars ou une salade de tomates à la ciboulette, noyée dans l'huile d'olive et le fromage local. Voila, et pour vous allécher, 4 € sans les bières ! J'ai fait comme j'avais dit : j'ai traîné. Bu et repu, j'ai continué mes pérégrinations mais je serais bien resté deux jours au moins ; après j'en suis sûr, je me serais ennuyé. Pour le salut de l'âme, j'ai une arme fatale : il faut bien se connaître ! Donc je file. L'Histoire et les histoires ne permettent pas d'avancer. En un kilomètre plus loin, je suis tombé sur un autre site.

Gornja Lastva. Le monde est parti depuis quelques années, il est retourné à la poussière ; pourtant d'autres résistent encore.

NIKOLA PETROVIC NJEGOS

Nikola Petrovic Njegos, duc de Gravachie et de Zeta, nommé Nikola II par les monarchistes est devenu l'héritier du trône du Monténégro. En 1989, bien que connaissant ses attaches aristocratiques, il fut surpris d'apprendre son hérédité. Le 12 juillet 2011, le parlement a adopté la loi sur le statut de la dynastie Pétrovic Njegos. De ce fait une rétribution lui a été allouée, basée sur le salaire du président de la République.

Gornja Lastva. En enfer ?

Un ami de Marseille, architecte croate du nom de Nicolas, m'a raconté l'histoire de ce prince qu'il connaît ; si on arrive à se rencontrer au Monténégro, il peut même me le présenter. J'avais gardé en tête ce nom de lieu à visiter. J'y suis tombé presque par hasard, au moment où j'allais m'en inquiéter. En bifurquant à droite, Il faut gravir quelques kilomètres de pentes, cultivées il y a encore cinquante ans. Les dernières familles ont disparu ; elles sont retournées à la poussière. Par contre le cimetière est entretenu, la mort ça n'attend pas. Désormais le village abandonné semble revivre sous l'impulsion d'un prince dénommé Nikola Pétrovic Njegos, architecte de son état. Le prince charmant crée en 1975 une association pour défendre ce qu'il considère comme son patrimoine. En 2003, un projet d'écotourisme a choisi ce bourg comme modèle de réhabilitation. Des étudiants français œuvrent à sa reconstruction. Perché en altitude, Gornja Lastva a une vue imprenable sur la mer. Aucun bruit n'arrive de la civilisation du bas. Le calme est olympien. Je parcours le dédale de ces passages que l'herbe a mangé depuis longtemps. J'essaie d'imaginer la vie d'antan, saine et sereine, communautaire.

Des maisons qui doivent s'intégrer dans le paysage, c'est bien mais ce n'est plus le cas. Il faudrait conserver la déambulation, la circulation ; ne rien toucher de ce qui faisait la vie rurale. Les maisons sont rehaussées, bâties en contrebas. Le village se désorganise alors qu'avant, tout était pensé ; on prenait en compte le voisinage ; qu'il ne soit pas trop près pour l'intimité, ni trop loin pour la sécurité. Et puis, en cas de neige abondante, il fallait penser à rapprocher les murs aux fins de se rencontrer pour les soirées d'hiver. Voici la face cachée des choses et dorénavant l'envers du décor. J'ai bien peur que les petites vieilles en robes et fichus noirs ne remettent plus les pieds dans leur pays d'origine ; elles feraient quoi d'une piscine ?

Un prince charmant, ancien héritier du trône, réveille une princesse nommée Gornja.
Une piscine a supplanté les ronces.

*Lepetani ; les maisons sont désormais closes !
Tristesse et solitude malgré la mer et les palmiers.*

Un petit tour de Bouches

Je vais faire tout le tour des bouches. Imaginez un papillon posé, dont la route serait tout le contour de ses ailes et son corps entier. J'embraye pour Lepetani du nom italien de *la putane*, « la pute », puisque c'était un abri à marins qui ravissait les prostituées de l'époque. Hélas pour les unes et les autres, le métier a disparu et les marins ont dû expatrier leur vigueur dans d'autres lieux. Lepetani est relié jour et nuit à Kamenari par un ferry qui justement évite « la route Papillon ». Lepetani se trouve à l'endroit le plus serré des bouches de Kotor, genre de corridor, un détroit comme Gibraltar qui s'appelle défilé de Vérige. Ce nom vient des chaînes métalliques lestées au fond du passage, entre Lepetani et Kamenari pour se prémunir des attaques de pirates. Je ne m'arrête pas à Lepetani, les maisons sont closes depuis longtemps ! La route se tortille sur le littoral toujours aussi torride ; la chaleur est insupportable. 35° la journée, ça va, mais la nuit il semble qu'elle ne tombe pas. Sur cet axe important, il est souvent nécessaire d'être obligé de reculer ; il n'y a pas de place pour deux. Prcanj m'interpelle. Quelque chose d'Italien me retient. Une bière en terrasse juste pour visualiser le paysage, en prendre plein les yeux.

« Toits émois. »

Tous ces yeux et ces regards carrés qui vous scrutent et vous épient. Quelle sera la sentence ?

Entre deux notables, le palais des Trois Sorelles aux fenêtres gothiques.

Gianni, je le rencontre à la taverne, attablé devant rien. Je me dis qu'il ressemble à un *babi*. Je tente en Italien : « *Per favor signore, dove posso trovare il palazzo tre sorelle ?* » J'aime bien son étonnement ; il répond quand même qu'il a tout oublié de la langue mais on entame le discours, je l'invite à se rafraîchir et là, il n'arrête plus. Il m'emmène à l'église, atteinte après une volée de larges marches. Plus grande église de la baie, elle est monumentale et fut érigée en 1789, au même moment où à Paris on prenait la bastille. Assise sur un promontoire pour mieux dominer le monde, ou que les marins puissent l'observer de loin, elle est le reflet de la prospérité du port. Un important trafic de passagers et de marchandises a perduré entre Venise et Contantinople. Gianni m'enseigne le statuaire sous forme de bustes illustres. Njegos, Zmajevic, Josip et Strosmajer entre autres ne sont pas tout à fait morts. Il m'apprend également qu'un institut médical soigne particulièrement les bronches, l'asthme et les pathologies allergiques. Les effets conjugués de l'air marin, des propriétés de l'eau saline additionnée d'huiles essentielles, feraient l'efficacité du traitement. Il a fallu se quitter mais avant les adieux, il m'avoue être vraiment content d'avoir parlé rital ; à 82 ans, il ne pensait plus y arriver.

Je suis au palais des trois sœurs ; rien de fracassant sauf l'histoire qui se raconte. Trois sœurs auraient attendu là en vain le retour de leur fiancé parti au large. Dès qu'une décédait, les autres muraient sa fenêtre. Je continue ma descente sur Kotor.

*Église de Prcanj, mise en valeur par une élégante rangée d'escaliers.
Baptisée Bogorodicin Hram, elle fut érigée en 1789.*

*Du linge aux fenêtres, les volets mi-clos, des rues désertes ;
la sieste bat son plein. Assurément on est en bordure de mer.*

Des parcelles de vie

Muo s'étale sur trois kilomètres et le littoral est ponctué de palais baroques, d'anciennes ruines majestueuses, de forts bâtis par l'Autriche-Hongrie, de *ponta*, ces petits ports individuels et quelques plages de poche, toutes privées. Autant dire que cette *riviera* force à ne pas avancer trop vite. Je suis enfin arrivé à Kotor, capitale des bouches, suprême joyau de la côte. La Boka Kotorska est en réalité un canyon, noyé par une rivière immergée.

En 168 av. J.-C. elle faisait partie de la province romaine de Dalmatie. Kotor, fortifiée au Moyen Âge en 535, pillée en 840 par les Sarrasins, conquise en 1002 par les Bulgares, et dont plus tard, le roi de Macédoine fit cadeau à la Serbie. Outre les vicissitudes de l'histoire, Kotor a connu en 1979 un tremblement de terre important dont elle a mis une quinzaine d'années à se redresser. Kotor intra-muros est édifiée dans un triangle de cinq kilomètres d'enceintes, de petits îlots de vie. Une ruelle débouche sur une place, commerces et habitants en font une enclave, un quartier. Plus haut c'est un autre coin, des Croates regroupés, plus loin d'autres habitudes. En s'éloignant, ça s'élargit, ça respire, la lumière pénètre ou les ruelles se coincent, se croisent, mais l'ensemble est cohérent. Tout semble agencé pour garder le frais, vivre à l'abri de la chaleur ; sûrement ici, comme dans tous les pays du sud, comme à Marseille, on aime le soleil parce qu'il fait de l'ombre !

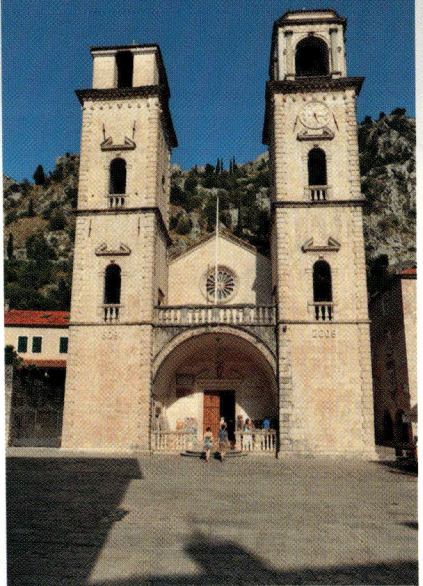

Églises et porches rivalisent de présence.
Pas un bout de rue où l'œil n'accroche un pan de chapelle.

Par les portes de la mer

La plus belle porte d'accès, dite porte marine, est celle qui donne sur la tour de l'Horloge, juste en face du port où s'amarrent les palais flottants.

Dès que l'on pénètre, le ton est donné ; on a vite assimilé l'architecture, l'ambiance, la circulation. Le plus grand espace, la place d'Armes qui servait de lieu de stockage des armes, est entourée de la tour de l'Horloge, d'un palais, d'un arsenal ancien, du théâtre de Napoléon, de la tour de garde de la ville, du palais Bizzati, de la place de la Farine, attribuée aux nobles de Buka.

La place de Saint-Triphon est un autre pôle attractif, qui héberge les institutions *kotorska*: mairie, évêché, archives, lieux culturels et la cathédrale Saint-Triphon, qui est un repaire idéal lorsqu'on s'élève par le chemin de ronde pour rejoindre la forteresse San-Giovanni. Cloîtrée dans ses murailles, Kotor est une ville anarchique où rien n'est droit ; les conquérants successifs ont fait à leur guise sans souci d'esthétisme, sans intérêt de salubrité ou d'urbanisme. En fait, ce sont tous ces raccordements qui en font le charme extrême. Magie exceptionnelle des civilisations de l'homme, étalées sur des périodes séculaires, sans se consulter, sans plan sur la comète, avec des techniques différentes, d'autres matériaux, des besoins et des goûts opposés ou contraires, ils ont fait un miracle.

À trop réfléchir, l'homme va tuer la planète. Finalement, laissons faire l'humanité, arrêtons de penser, supprimons les référendums, les consultations, plus de projet, de devis, devenons fatalistes et philosophes, la vie, le temps et l'homme feront le reste. L'Histoire a toujours raison.

*Architectures en dentelles, rosaces, dédales, enclaves, portes en cintres, ogives et balustrades ;
neuf cents ans de brassages ethniques et confessionnels s'étalent sous vos yeux.*

Afin de tout comprendre de Kotor, sa géographie, son histoire et son romantisme, il suffit de s'élever dans l'enceinte des remparts du Moyen Âge. Après l'avènement des armes à feu, une nouvelle muraille plus escarpée fut bâtie en avancée. Pour emprunter le chemin principal qui mène au sommet de San Giovanni la distance est de 1 200 mètres qui peuvent se franchir en une heure. D'en bas, cela paraît impossible mais 1 350 marches vous aideront à les gravir. Je vous avais averti, il ne faut pas réfléchir ! À mi-chemin, après avoir dépassé l'église de Notre-Dame-de-la-Santé, progressez doucement et retournez-vous seulement à cet instant, cent mètres plus loin ; vous avez la plus belle carte postale du pays… À mon avis.

Plaque souvenir et entrée de la maison où a vécu quelques mois l'auteur de Pêcheurs d'Islande *et de* Ramuntcho : *Pierre Loti.*

Par la route Papillon

Comme je continue ma chevauchée de façon baroque, je décide d'aller au plus loin de ma dernière visite ; ensuite je reviendrais sur mes pas, à Kotor, pour prendre la fameuse route serpentine. Je chevauche les ailes de la route Papillon, tout le pourtour nord des Bouches. J'ai un projet pour un ami Jacquot Simon, inconditionnel de Pierre Loti. Il m'affirme qu'il y a un musée où aurait vécu le marin, en mission au Monténégro*. Me souvenant de *Ramuntcho* et *Pêcheurs d'Islande*, moi aussi je vais exécuter ma mission, me rendre au musée de Baosici et lui ramener des documents qui vont sûrement le rendre heureux. Kotor-Baosici trente-cinq kilomètres ; une paille pour un ami, d'ailleurs je l'aurais même fait pour une poutre ! Je croise Pérast où je reviendrai dans quelques heures. Je passe à Kamenari où arrivent les ferries en provenance de Lepetani. Bijela se profile, je suis fébrile, j'ai peur de galérer pour trouver les indications. J'ai pu lire que la maison de Loti se trouvait en descendant vers le port. Finalement à Baosici c'est l'effervescence, la cohue ; une petite route littorale étroite, bondée de monde.

D'un côté des campings, des parkings, des baraques à sandwiches et de l'autre, des marins transformés en plagistes, en baigneurs ; la plage a remplacé le port et les bateaux sont des gros canards en plastique ou des pédalos à deux places. En fait je trouve rapidement la maison de Loti avec la plaque mémoire mais pas de musée. Tout est bouclé, comme à Lepetani. Je remonte sur la route principale ; une ancienne, dans un italien approximatif, me dit qu'il y a un musée du capitaine mais ne sait pas où. J'y passe la matinée puis j'abandonne, tout ce quartier est un « bidon ville » ; je ne pense pas que Pierre Loti ait laissé des traces pour ces villageois. En parlant de traces, il a quand même écrit un texte sur une fille d'ici, dont il était tombé éperdument amoureux.

---

*Alors qu'il était en mission diplomatique au Monténégro, Pierre Loti nous enchante par sa nouvelle *Pasquale Ivanovitch*. Tombé sous le charme du Monténégro mais encore plus d'une paysanne de Baosici, il raconte à merveille sa traversée des Balkans et ses trésors cachés.

Pérast, les effluves vénitiennes

Donji Morinj ; dans des cages immergées, des moules et des poissons bien élevés musardent dans ce qui semble être une activité prospère et florissante mais déjà Pérast s'annonce. Je vais visiter le dernier site du littoral monténégrin ; je suis épuisé par la chaleur, le monde, la mer, le sable. Je rêve de montagnes, de fraîcheur, d'altitude. Allez Pérast, à nous deux, c'est ma tournée et en plus, c'est la dernière ! L'entrée se fait par une barrière qu'on ne peut franchir sans payer ; et encore s'il y a de la place. Je fais un tour pour rien, pas de photo, pas de discours, je suis en prospection. Finalement avec le soleil qui tombe à l'eau et les effluves vénitiennes, je succombe de nouveau. Pérast, c'est en face du canal de Vérige, souvenez-vous « Gibraltar » ! Le nom de Pérast vient de la tribu illyrienne « Pirusta » ; évidemment des pêcheurs, sûrement des flibustiers puisque la côte en était remplie. Un chantier naval resté en activité jusqu'en 1813 atteste de l'assiduité du monde marin. À son heure glorieuse, des centaines de bateaux construits à Pérast ont navigué sur toutes les mers du globe. Pierre Le Grand, privilégia les fils de familles aristocrates, afin qu'ils suivent un enseignement de qualité donné par un navigateur érudit, le fameux mathématicien Marco Martinovic.

Tous les ingrédients d'un perpétuel farniente :
une table et quatre chaises en attendant l'apéro,
un littoral qui baigne un pays, des lumières qui plongent
dans les eaux calmes.

Magnolias, bougainvilliers, fleurs exotiques ; les belles demeures étaient la propriété de navigateurs qui ramenaient ces espèces inconnues depuis les tropiques.

*Quelques bouquets comme des taches rafraichissantes
viennent égayer l'usage du temps.*

Grâce à son beffroi de cinquante-cinq mètres de haut, l'église de Saint-Nicolas est considérée comme le phare des bouches de Kotor. Palais des Bujovic.

À Perast, le plan de la cité est sommaire. D'un côté la mer, égale à elle-même, une rue qui longe tout le village, qu'il faut traverser pour aller de l'autre côté de la route, et tous les cinquante ou cent mètres, des escaliers ou des montées qui donnent accès aux habitations. Au centre-ville une église Saint-Nikola dont le clocher s'élève à cinquante-cinq mètres, fait partie des dix-sept églises. L'arrivée à Pérast par bateau est magnifique, le village bien regroupé autour de son église principale lui donnant une force et une beauté indescriptibles ; il faut seulement traquer les lumières matinales et les couchers flamboyants. Pérast, c'est la perfection, l'alignement, le raffinement : outre ses églises, on dénombre dix-neuf palais exceptionnels*, des campaniles de merveille. Depuis Risan, à trois kilomètres avant d'arriver à Pérast, la vue en enfilade du village à fleur d'eau avec ses deux îlots est grandiose, si la lumière est au rendez-vous. Pour un dernier regard sur la côte adriatique, c'est un cadeau magnifique.

---

*Le plus célèbre palais est celui des Bujovic, construit d'après les plans d'un architecte vénitien : Giovanni Batista Fonte. La légende rapporte, comme tant d'histoires de puissants dans le monde, que Bujovic demandant à l'architecte s'il pouvait construire un plus beau palais que celui-là répondit par l'affirmatif ; on le précipita du haut d'un balcon et le palais resta inégalé.

*Deux îlots inséparables, alignés dans l'axe du détroit de Vérige,
là où les ferries, en le traversant, évitent le détour de Kotor.*

À Pérast, je prends un petit bateau rien que pour moi. À une encablure, sur les îles Saint-Georges, un bijou posé sur l'eau reflète sa beauté sublime : l'église de Gospa-de-Skrpjela avec son dôme et un autre campanile au bleu incomparable. À l'intérieur, un musée avec des peintures, des ex-voto, des objets marins.

À peine éloignée comme une jumelle qui donne l'équilibre, l'île aux Morts recèle un cimetière et une église, interdite d'accès. Elle a subi d'énormes dégâts lors d'un tremblement de terre. Retour sur terre à Perast. Je regarde une dernière fois la splendeur de ces îlots qui seraient un lieu idéal pour une retraite momentanée. Je retourne à Kotor, je connais un coin tranquille pour dormir et me laver. Le tuyau des cuisines du petit resto est dehors ; il suffit de se garer devant. Demain, vers les 6 heures, j'aurai droit à une douche salutaire.

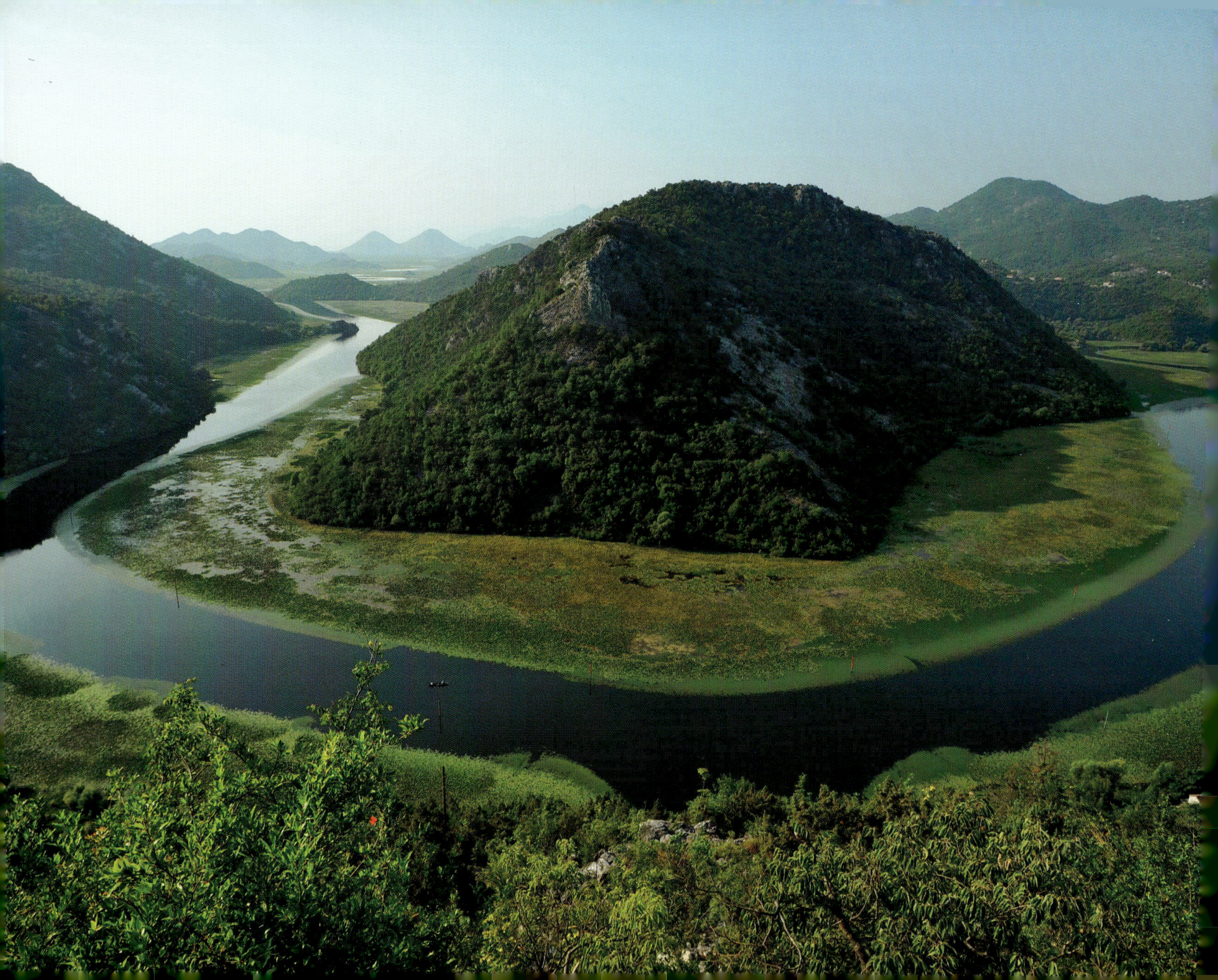

Un méandre qui relie le lac Skadar à Rijeka Crnojevica, telle une écharpe aquatique.

INTÉRIEUR DES TERRES

Trente lacets pour une serpentine

Aux aurores la lumière est plombée. Je vais aller à Cetinjé par la route serpentine. Enfin du frisson. Depuis Kotor, la célèbre route aux multiples épingles ne laisse guère de répit. Même si l'altitude n'est pas importante, l'impression est grande. Au Monténégro, les routes sont souvent très dangereuses. Être vigilant ne suffit pas toujours. Les croix disséminées le long des précipices, des à pics, des ravins ou autres effondrements, attestent de la dangerosité du réseau. De plus, il faut compter avec l'étroitesse des voies qui oblige l'un ou l'autre à reculer ou trouver un espace qui permet de mettre au moins deux roues dans l'herbe ou sur les cailloux. Autre danger lié à la fatalité, beaucoup de routes sont en surplomb et des blocs tombent régulièrement sur la chaussée. Les éviter permet d'engendrer un écart qui peut être fatal. Je grimpe donc en serrant les fesses. À mesure de l'élévation, le paysage se transforme, s'embellit ; les lacets sillonnent et zèbrent les flancs du Lovcen, Parc national des Alpes dinariques, massif sacré pour les indigènes. Le parc est très boisé : hêtres, pins, érables, charmes, chênes, frênes. La faune est importante : ours bruns et loups se partagent le territoire où la pluviométrie est considérable. Malheureusement elle n'alimente pas le réseau des torrents et ruisseaux. À cause de la géologie de ces reliefs karstiques où prédomine le calcaire, l'eau s'infiltre et dissout les minéraux en érodant la roche ; la conséquence est la formation de grottes et avens. Au Monténégro, il y a des centaines de grottes comme la Ledena Pecina, « la grotte de glace » du Dormitor où stalagmites et stalactites restent de glace éternellement.

Rencontres tout terrain

Au plus haut de la route serpentine, on peut apercevoir les bouches de Kotor et en arrière-fond l'Adriatique. J'arrive en fin de journée, le peuple féru de ballon rond est sorti dans la rue pour assister à la finale de la coupe d'Europe. Je profite pour me mêler à la foule en buvant un verre mais je ne reste pas, la jeunesse est belle, branchée, friquée, motorisée. Je m'échappe à la recherche d'un coin tranquille pour dormir. Au feu rouge, un quartier a posé la télé dans un endroit de fortune ; chacun a sorti sa chaise. Ils se sont tous cotisés pour deux bouteilles de sirop. Le peuple est en train de vivre. Je n'hésite pas, là c'est pour moi. Je me gare, traverse la rue avec mon appareil en bandoulière. Il est 21 heures, je n'ai aucune idée de la réaction ; visiblement c'est un quartier défavorisé et la jeunesse est bruyante ; pas de jeunes filles. Ça c'est embêtant ; quand il y a des filles ou des femmes, l'atmosphère est plus sereine mais j'ai observé qu'il n'y avait pas d'alcool sur la table. De toute façon, je n'ai plus le choix, j'ai déboulé sans crier gare. Je demande pour la photo, geste à l'appui. Bien sûr je dis que je suis *frantcuski* ; au Monténégro ils adorent les Français ; tant mieux, c'est toujours ça de pris. L'accueil est magistral, on accepte la photo, tout le monde pose ; on vire un jeune pour me donner sa chaise. Je m'installe au premier rang et j'ai droit à un verre de Fanta ; ça, j'adore moins mais je suis en plein cours d'ethnologie et la jeunesse est en passe de me former. Tout le monde a les yeux braqués vers moi, une trentaine de paires. Je me suis senti obligé de rester jusqu'au bout, mais ce n'était pas un supplice.

Le peuple vit dehors le jour et cherche des excuses pour sortir la nuit. Un match de foot et la vie explose.

Drogan est Monténégrin

Un matin, il m'a apostrophé en me disant « café ? ». Je me suis retrouvé illico chez lui avec sa femme qui travaille pour 300 € par mois dans une supérette. Drogan est charpentier et ébéniste ; il dit que le métier est dur mais qu'il ne risque pas de s'arrêter. Il m'a montré son atelier avec fierté, mis son calot national et posé pour la photo, fier comme Artaban. En guise de porte-bonheur et pour sceller l'amitié, il m'a offert un rondin de charme.

Drogan, tout fier dans son antre, m'offre un palet de charme. Il représente la troisième génération de charpentiers. Son frère aussi travaille dans le bois.

Le lendemain je suis repassé par hasard sans reconnaître l'endroit ; trois ou quatre bras se sont levés, ils ont crié « *oh frantcuski* ». Devinez ce qui s'est passé ? J'ai payé ma tournée et la, bizarrement tout le monde a commandé une bibine ; n'empêche que la soirée était super, même si les Italiens ont été battus. En fait, ce soir j'avais trouvé un coin juste un peu excentré de la ville, loin des bistrots. Le matin je ne suis pas pressé, je ne sais même pas où je vais traîner. Porte latérale ouverte, en slip et torse nu, je sirote mon café. Un quidam arrive en m'apostrophant : « *Café ?* » Je n'hésite pas, une rencontre c'est des photos, un café, peut-être une douche, un bon conseil, des renseignements, une rencontre, des amis chez qui je pourrai revenir. Quelque chose qui ressemble au beurre, à l'argent du beurre et à la crémière ! Je suis dans une famille classique monténégrine. Père, mère, une fille un fils, la grand-mère et un chat. La femme travaille dans une supérette et gagne presque 300 €, le mari, Drogan est charpentier. Il dit que c'est dur, mais ne risque pas d'arrêter, il est si fier de m'apprendre qu'il est la troisième génération à travailler le bois. Il m'entraîne dans son atelier. Je visite ses machines et des machins. Il me sort une de ses œuvres, une corniche arrondie. C'est vrai que c'est un travail d'orfèvre ; en guise de souvenir j'ai droit à un palet de charme. Il le prend dans la main, le frotte puis en guise d'amitié me l'offre.

Monténégro

Dejan et sa fille Myléna

Dejan Stanisic est monténégrin, il fait le taxi à Budva. Il y a quelques années, il tenait, avec sa sœur, un restaurant de spécialités franco-balkaniques à Saint-Denis dans le 93. Sa sœur décédée, il est revenu au pays, a divorcé et considère qu'il a tout perdu… Sauf sa fille qui s'est rapprochée de lui. « Une vraie beauté monténégrine ! » Il m'a proposé les clefs de sa maison ; je pouvais venir quand bon me semblerait…

461 marches vous emmènent au tombeau de Pétrovic Njegos. La crypte est surveillée par deux gardiennes qui ne restent pas de marbre mais de granit !

On retourne en cuisine ; finalement j'ai eu droit au café, à la douche, au repas, tout à la suite. La femme m'a même préparé un panier, comme à la mine. Vraiment des gens adorables. Drogan me parle du mausolée de Petar II, Petrovic Njegos (1813-1851). À vingt kilomètres de Cétinjé, au sommet du mont Jezerski, à 1 657 mètres d'altitude, le mausolée est un fameux lieu de pèlerinage. Njegos, héritier des lumières, philosophe éclairé, chef charismatique de la résistance contre les Turcs. Être enterré ici, au sommet du Jezerski était son vœu pieux. L'accès se fait au bout d'un cul-de-sac où s'élèvent 461 marches. Après une bonne suée de trente minutes, on doit passer devant deux monumentales femmes de granit ; ce sont les gardiennes. À l'intérieur, Njegos, non moins monumental reste assis, un livre sur les genoux. Au sommet du Jezerski la vue s'embrasse sur 360°. Qui dit mieux ? Je redescends flâner à Cétinjé et glaner quelques photos. À premier abord, la ville n'était pas réjouissante mais en insistant, j'ai appréhendé un art de vivre et une nonchalance méditerranéenne. Les gens d'ici préfèrent exécuter les choses tranquillement. La ville est à cette image, les commerçants vous servent lentement, papotent entre eux, vous négligent presque.

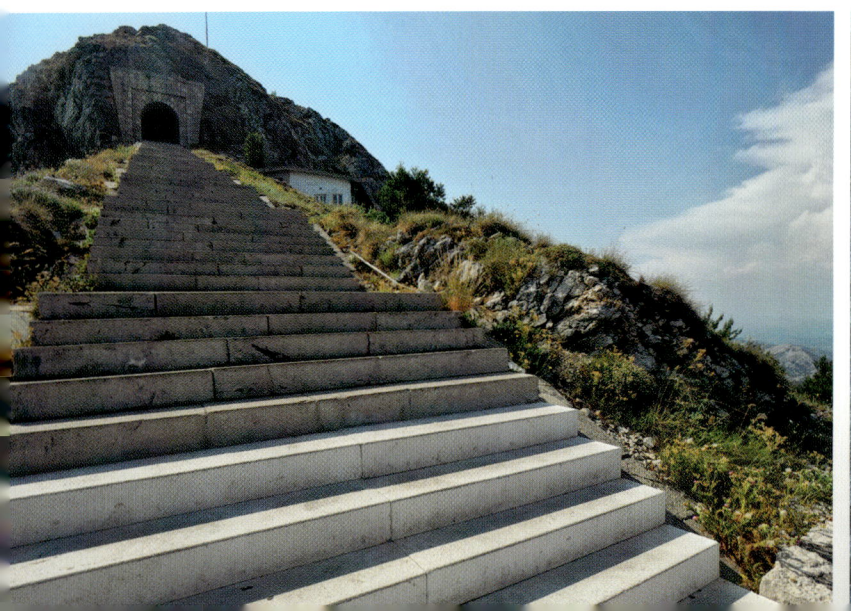

Alors, déçue ? Non, seulement déchue

Centijé, capitale historique du pays, est devenue une ville musée. Elle fut fondée au XVe siècle. Après des siècles d'autorité, elle a tenu son rang mais ensuite après la deuxième guerre mondiale, son statut s'est transformé. On a transféré le centre administratif à Titograd (Podgorica). Ayant perdu le pouvoir et les subsides qui s'y rattachent, Cétinjé, abandonnée, s'est laissé vivre. De toute façon, par rapport à sa géographie et au réseau routier, il serait impensable aujourd'hui qu'elle retrouve sa place. Apparemment, elle se contente d'être un pôle artistique et culturel. Sinon le centre est calme ; on voit de façon rurale chacun se préparer pour la saison hivernale ; à tous les coins de rue, des tas de bois fraîchement coupés vont s'empiler afin d'alimenter les cheminées pour les quatre mois d'un hiver assez rigoureux.

Le monastère de Cétinje, construit en 1484, rasé en 1692 par les Turcs, reconstruit en 1743, était prospère à cette époque. C'est la première visite que font les touristes ; l'ancienne ambassade de Russie a fière allure mais est fermée et le palais présidentiel est vide, mais toujours gardé per deux sbires tout droit sortis du *Sceptre d'Ottokar*. La ville aime la couleur, c'est même son péché mignon. J'ai fait deux rencontres intéressantes aujourd'hui : Dejan que j'avais pris en stop ; il me présente sa fille, une belle Monténégrine. Il a pendant des années tenu un petit resto franco-balkanique à Saint-Denis à Paris puis sa sœur décédée, il est revenu au bercail. Au bistrot, où on se jetait un dernier godet, j'ai aussi rencontré un type assez sympa qui me demande d'où je suis ? « Frantcuski » bien sûr ! Il m'a enseigné un endroit paradisiaque avec un petit resto pas cher en me promettant d'y aller de sa part.

Il m'a dit tu verras il y a des parasols « Bières Tuborg »... J'y suis allé aussitôt. C'était lui le patron du resto mais je n'ai pas été déçu ; vous savez quoi ? C'était paradisiaque.

Ambassade de Russie de belle facture, cependant elle est toujours fermée. Les deux gardiens du palais présidentiel – toujours vide – paraissent tout droit sortis du Sceptre d'Ottokar.

Les jumeaux peuvent-ils parfois se séparer ou se faire la tête ?

Boro, pêcheur d'anguilles, paraît serein avec ses petites filles sur les genoux ;
deux petits chaperons monténégrins.

Mélancolie d'un village paisible et apaisant : Rijeka Crnojevica.
Entre le fond de l'eau et le ciel, une complicité élabore un paysage.

Depuis le sommet du Lovcen, on peut voir l'Adriatique.
Karuc, Dodosi et Crno-Jevica, en enfilade, se mirent sur un tapis marécageux.

Slavica

Slavica Jovicevic est née dans le petit bijou de Rijeka Crnojevica. Elle a créé à Paris l'agence photo Spoutnik spécialisée sur les Balkans et l'URSS, aujourd'hui fermée et s'en est retournée ici. Aujourd'hui sans ressources, elle vient d'avoir l'âge de la retraite et devrait entreprendre des démarches administratives en France. Je vais essayer de le faire pour elle. Elle m'a ouvert beaucoup de portes.

Mystérieuse usine ; on ne sait pas quel poisson est conditionné, ni même sa destination ? Le personnel n'est plus payé ; pourtant les ouvrières sont toujours là.

Rijeka Crnojevica, quatorze kilomètres de Cétinjé. Dès que je suis arrivé, je n'ai vu que ça « Bière Tuborg ». L'endroit est d'une beauté saisissante, un site enchanté. Un pont de pierre a deux arches qui enjambent une rivière où glissent des bateaux effilés sur le lac Skadar, autre merveille du pays. L'endroit est calme, serein, le temps apaisé s'est ralenti. Rijeka, je n'ose plus dire que c'est un coup de cœur pourtant j'y suis resté trois jours. J'ai encore fait des rencontres capitales. Par pur hasard, je croise une femme à qui je demande en anglais un renseignement bénin. À mon accent elle rétorque : « Vous êtes Français ? » Évidemment, un Marseillais qui parle anglais, c'est vite repéré. En fait on s'est attablé devant une Tuborg ; elle m'avoue avoir géré pendant des années son agence photo à Paris, l'agence Spoutnik. Je m'en souviens de cette agence, spécialisée sur les Balkans et l'URSS ; nous sympathisons et je lui pose une colle : « Où se trouve cette photo vue dans un guide, déclarée "plus belle photo de paysage" l'an dernier en Europe ? » Elle répond : « Si tu veux on y va, c'est à deux kilomètres. » Médusé, tout excité, j'étais prêt à partir illico. Malgré ce, j'ai su me raisonner. « Buvons un dernier verre, le paysage ne va pas s'envoler. »

J'ai claqué ma photo ; j'y suis même retourné trois fois en trois jours. Étrange vision d'une montagne comme un monticule, dont le pied entouré d'un immense méandre qui l'entoure en écharpe et s'écoule au Skadar. J'y suis venu soir et matin ; les couleurs diffusaient des senteurs, sombres ou vertes foncées ; tout était odorant. Slavica a du plaisir à discourir en français. Son frère est pêcheur, elle veut bien demander s'il est d'accord pour une virée. C'est ok, demain 6 heures. En deux jours, j'avais fait carton plein. En attendant, j'avais une autre idée en tête. Midi, des femmes, pressées d'en finir ou rentrer, remontent au village. Je questionne Slavica : « C'est quoi ce manège ? » « Une usine de conditionnement de poissons, mais le patron n'est pas très ouvert. » Je suis allé rencontrer le responsable de l'usine, dont les patrons sont Russes. J'étais certain du refus. La boîte ouvre quelques jours par

Boro est dans son jardin ; il en connaît les recoins comme sa poche. Aujourd'hui les eaux sont chaudes, on aura droit au menu fretin.

Boro

Boro, est le frère de Slavica ; lui aussi vit à Rijeka Crnojevica. Il est pêcheur d'anguilles mais ne s'éloigne pas trop du bercail ; ça lui suffit. J'avais rendez-vous à 6 heures du matin ; il était déjà prêt. On a été relever les nasses ; il n'y avait pas grand-chose, « le mois d'août n'est pas très bon pour la pêche » m'a-t-il répondu ; Il aime son métier même si le poisson n'est pas toujours au rendez-vous. J'ai proposé un petit pécule qu'il a refusé. Par contre il a apprécié les bières que j'avais emmenées !

mois, les femmes ne sont pas payées depuis des mois et la cargaison mise en boîte, « on ne sait pas où elle va », m'a affirmé le chauffeur. Évidemment ça sent le blanchiment et le trafic ; mais au Monténégro on m'a plusieurs fois répondu « Fais attention, tu ne sais jamais à qui tu parles, c'est très dangereux ! » J'ai pu malgré tout faire quelques photos. Ça y est, aujourd'hui c'est demain, 6 heures comme prévu. Boro n'est pas un bavard, je m'installe pour ne pas gêner les manœuvres en me laissant glisser à ras de nénuphar. La matinée s'est écoulée ; comme le lac. À fleur d'eau ramène ici aux émotions maternelles et au temps mémoriel. La lenteur du labeur touche aux sens, aux sons et aux encens. Un bonheur rempli de gestes simples, à glisser sur les flots et filer doux au fil de l'eau. Cette matinée a été superbe ; on a relevé une quinzaine de nasses ; Boro dit qu'en août c'est trop chaud pour la pêche. Je suis resté quatre heures à ne penser qu'à ça : la photo. quatre jours, avant de partir, Slavica me fait visiter Karuc, un hameau les pieds dans l'eau où elle n'est plus venue depuis vingt ans, un bijou extraordinaire, isolé du monde et pas si loin à la fois. Quand à Dodosi, c'est également de toute beauté mais la baignade est le rendez-vous des autochtones : familles enfants et animaux. Toutes ces rivières avaient pour moi des parfums différents.

Monastère troglodyte d'Ostrog. Taillé dans la roche il a fière allure. Les orthodoxes viennent du monde entier pour des retraites, des bénédictions, et l'espoir d'une guérison.

Moines troglodytes d'Ostrog

Je quitte Slavica qui m'a bien aidé, direction Ostrog et la vallée de la Zeta, pour visiter le monastère orthodoxe serbe, construit au XVIIe siècle. Encastré dans la roche, principal sanctuaire orthodoxe des Balkans, il est visité par des pèlerins du monde entier. De loin, une tache claire signale sa présence ; l'approche se fait au jugé. huit kilomètres d'une montée périlleuse, sans parapet, vous incite à devenir pratiquant ! L'étonnement, c'est de découvrir Gornj Manastir au dernier moment comme le Macchu Pichu ou quelques monastères du mont Athos et des Météores en Grèce. Le 12 mai à la Saint Basile, les fidèles affluent ; tous inscrivent des requêtes qu'ils nichent dans les lézardes de la roche ou s'abreuvent d'eau bénite, distribuée à satiété. La foi est intense et les femmes ont la décence de se couvrir amplement ; robes et fichus sont conseillés. La place principale, socle où repose le monastère est largement remplie de livres, icônes ou objets de foi. Le commerce paraît florissant et la dorure règne en force. À l'intérieur aucune photo n'est autorisée et de minuscules chapelles troglodytes, décorées de scènes murales sont étonnantes. Quand à la vision de l'architecture, on peut rester au pied du monument, médusé devant cette prouesse technique. Je redescends au sud.

Brano

Brano est monténégrin. Je l'ai pris en stop au monastère d'Ostrog où il travaille comme serveur dans un restaurant. Il habite vers Danilvograd et vit avec ses deux filles de 9 et 13 ans ; Le soir, quand il arrive, il donne les 10 € qu'il a gagnés et la plus grande se débrouille pour faire bouillir la marmite. L'accueil fut exceptionnel.

Une petite chapelle isolée et une moniale qui s'y rend avec la bénédiction de saints en granit.

Danilovgrad a semé son art sculptural.

Romances slaves

Danilovgrad, partie centrale du pays, est sur mon passage. La ville avait le vent en poupe pour devenir le centre économique et politique du Monténégro. Les voies de communications, un pont à sept arches permettant de relier les rives de la rivière Zeta, un plan d'urbanisme ambitieux, tout concourait aux critères économiques et commerciaux. Après le congrès de Berlin en 1878, les intérêts de la ville furent écartés. En cause son alliance avec la Russie. Les habitants prirent cette décision comme une trahison, ce qui engendra chez les orthodoxes un sentiment anti-occidental. Par contre, l'engouement culturel est important. Sur la place centrale des œuvres de sculpteurs sont régulièrement exposées et l'Unesco a classé la ville pour ses murs et habitations colorées. Grâce à la rivière Zeta, les abords sont étonnamment valorisants comme son barrage, ses élevages de poissons, les berges romantiques et les balades d'amoureux en goguette. Je repasse sur Niksic pour refaire des photos de la rivière Zeta en la remontant.

Le pont à sept arches permet de relier les rives de la Zeta.
Façades colorées, une fierté locale récompensée par son classement au patrimoine national.
Sur la rivière Zeta, parc alevin pour des poissons « bien élevés. »

Un charme gratuit et accessible bien préservé par la municipalité de Danilovgrad.

*Un ruisselet s'est laissé emprisonner par une coalition végétale.
Désormais il vivra au ralenti, juste pour le plaisir des yeux.
La nature sait, par moments, se décupler.*

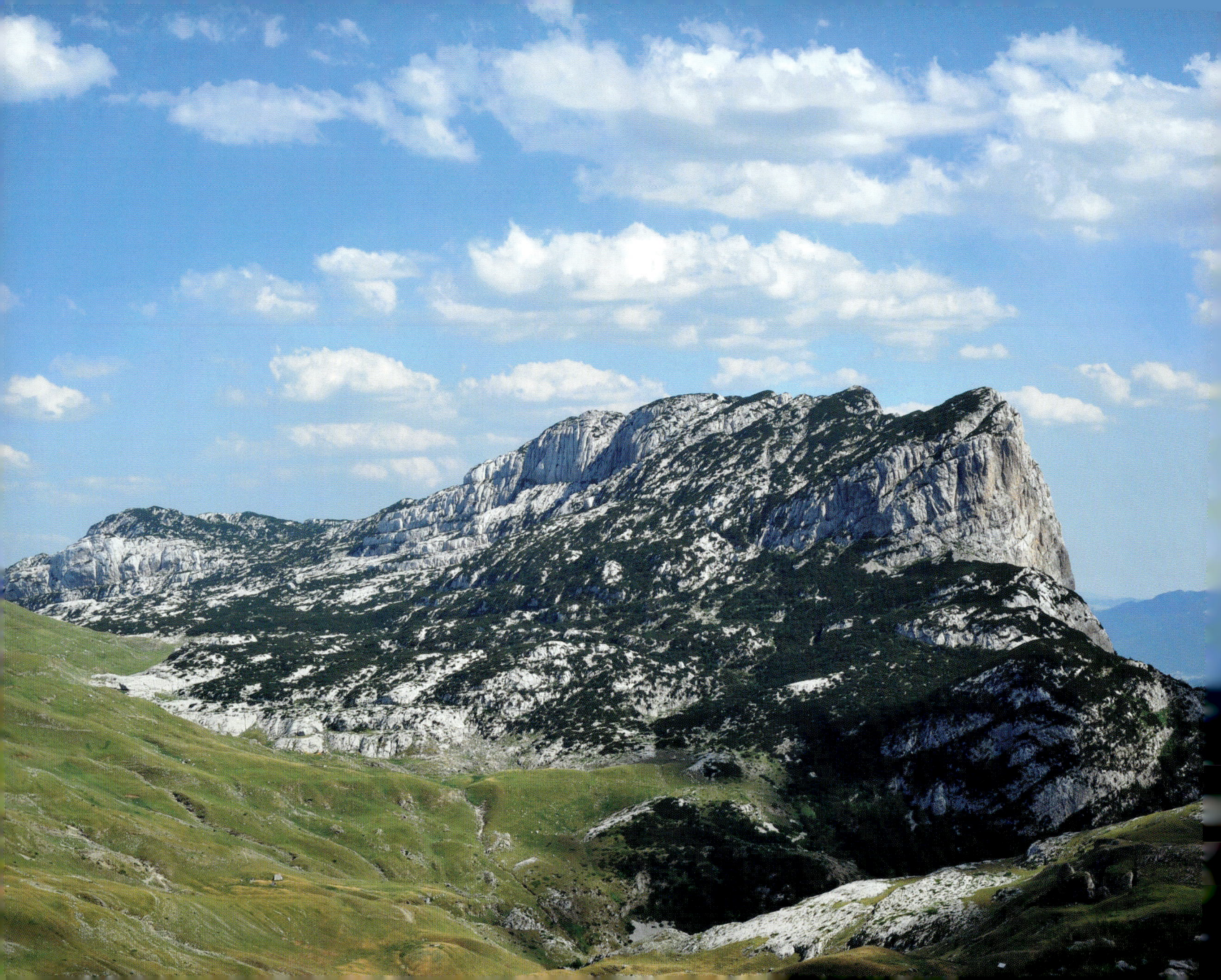

À Niksic, plus grand district du Monténégro, deux saints se partagent la notoriété : Saint Pierre et Saint Paul. Le pont impérial enjambe la Zeta. Financé avec l'aide du tsar de Russie Alexandre III, d'où son nom : Pont du Tsar.

MONTAGNES ET ALTITUDES

Niksic l'intermède

Niksic est un complexe industriel culturel et universitaire. Bâtie à l'Européenne avec de larges avenues et d'immenses ronds-points qui les distribuent, c'est la deuxième ville du pays. Trait d'union entre les régions du sud et les massifs montagneux du nord, elle fut fondée par les Romains dès le IIIe siècle. Une multitude de conquérants successifs ont détruit et reconstruit leur forteresse : Barbares, Goths, Turcs. C'est sous le règne de Nicolas 1er que la ville se développe de façon fulgurante en à peine trente années. Le centre-ville est vite repérable avec son grand sens giratoire et six avenues qui partent en étoile, l'église Saints Pierre et Paul près du cimetière et cœur moderne de la ville, la place centrale ou trônent la statue du tsar Nicolas 1er, juste dans l'enfilade de la rue où les bars et restaurant se disputent le moindre mètre carré.

À la sortie de la ville, le pont impérial enjambe grâce à ses seize arches la Zeta. Financé par le tsar Russe et construit en 1896, il mesure 260 mètres. Ses arches, dans la campagne isolée, sont du plus bel effet, surtout quand elles croisent et enjambent le canal moderne.

Le lac Piva et des montagnes suspendues

Je continue ma remontée et décide de faire une journée canyoning sur la rivière Tara, peut être demain ou plus tard. Mon objectif ce soir, Pluzine, soixante kilomètres au nord. La route est belle, large, peu empruntée. Dans ce cadre, un filet de fumée en contrebas m'interpelle. Je me risque sur un chemin pierreux et malaisé. Au loin une ferme ; de la vie à coup sûr. J'arrive, un chien sort en jappant. Suivent un gosse puis deux et en dernier les parents – comme en Amazonie où les enfants sont toujours les ambassadeurs, tandis que les pères préparent les flèches. La ferme est un peu enterrée. Ils ont l'air sereins, sauf la mère un peu inquiète. En guise d'apaisement, Miklatovitch entame fromage, jambon, miel ; j'accepte volontiers ; c'est ça l'accueil même si les mouches pullulent sur mon fromage. Je vais dans mon véhicule offrir une bouteille d'huile d'olive de France, des sardines de Marseille, de l'eau minérale et la glace est rompue.

L'intérieur me rappelle Zola. J'ai demandé une photo, ils se sont tous collés les uns contre les autres et j'ai passé deux heures de bonheur auprès de ces gens vivant pratiquement en autonomie. Je suis parti à regret ; je ne pouvais pas faire attendre la route.

Vers Pluzine chez les Milatovich.
Une ferme enfumée au bout d'un chemin malaisé.
Pourtant ; à l'intérieur, du bonheur malgré la disette.

Milatovitch

Milatovitch est chef de famille ; il a une femme, deux filles et deux garçons : Striela, Nicolas, Nicolina, Yalana, Slavigna. Ils vivent en autonomie dans une fermette près de Pluzine mais semblent heureux. Je les ai rencontrés grâce à un filet de fumée qui sortait de derrière la montagne ; Milatovitch a sorti le fromage, le jambon fumé, le miel et l'alcool. J'ai sorti des boîtes de sardines, une bouteille d'huile d'olive, des eaux minérales ; Mes cinquante mots russes ont permis d'échanger un peu.

Le jeune pope de Pluzine tout fier de poser pour la photo.
La vie rurale au bord du lac Piva. Un tas de bois, du linge et la vie qui pulse tout près.
La baignade, le seul endroit où la foule s'ébat.
Le peuple n'est pas très exigeant…

Pluzine s'approche, je prends un autre stoppeur qui m'affirme qu'avec lui je n'aurais pas de problème avec la police si par hasard ils me faisaient souffler. Je le laisse à l'entrée du village, juste devant une chapelle. Le cimetière exposé en face du lac Piva est magnifique. Je stoppe et fais quelques photos, chapelle en premier plan. Un jeune curé en sort. Un peu surpris je lui bégaye : « Photo ? » Il accepte et on sympathise. Dans son église, il pose devant une icône et puisque c'est aussi l'heure de la messe je le flashe sonnant les cloches. Les fidèles ne tardent pas…
Pluzine, reconstruit sur les hauteurs depuis 1975, est en bordure du lac artificiel de la Piva. Plus loin, un barrage hydroélectrique haut de 220 mètres, déverse ses eaux dans un canyon. Le lac s'étend sur trente-trois kilomètres. Ici tout est magnifique : les eaux bleu émeraude, les canyons et la route impressionnante avec des falaises de 1 200 mètres qui chutent dans le lac, sans oublier les multiples tunnels ajourés ; d'ailleurs une multitude de panneaux avertissent : chutes de pierres, tunnels, pente. Une plage à Pluzine village et de vieilles maisons de bois donnent un vrai charme au site. La vie s'est reconstruite avec bonheur après que le vieux Pluzine, noyé sous les eaux du barrage, renaisse en altitude.
J'ai trouvé gîte et couvert à quelques kilomètres dans un endroit de rêve à 7 € la chambre !

Le canyon de la peur... Mais sans reproche

Scepan Polje, plein nord, frontière de la Bosnie Herzégovine. C'est ici que partent les équipages pour une descente périlleuse, une vraie aventure de canyoning. Dix personnes par zodiac, un skipper et vogue la galère. La rivière Tara détermine la frontière avec le Monténégro sur une trentaine de kilomètres. J'ai hâte d'être dans les tumultes et les remous. Je m'inquiète des passagers, soit âgés ou très jeunes. Prêt partez, c'est parti et j'attends ma première frayeur. En fait ça ne viendra jamais. Quelques passages pas faciles en se mettant debout pour la photo, sinon ce n'est pas la mer à boire leur aventure extrême. Au bout d'une heure, pause éclair dans une jolie forêt et une cascade que l'arrêt justifie, puis dernier tronçon pour retourner au bercail. Mais le parcours est enchanteur, le canyon impressionnant et le skipper hyper gentil. C'est tout !

Canyon de la rivière Tara ;
pas si impétueux qu'annoncent les guides... Vu d'en haut...
L'équipée sauvage vue dans l'eau...

« Jiveli », à l'amitié des peuples

Je vais enfin connaître ce Durmitor, massif montagneux exceptionnel de beauté et de difficulté. Parc national fondé en 1978, l'Unesco à inscrit les gorges de la Tara dans les réserves biologiques du monde et le parc du Dormitor au patrimoine de l'humanité. Son plus haut sommet, le Bobotov kuk, affiche 2 523 mètres. Le parc contient le massif du Dormitor, les canyons des rivières Draga, Susica et Tara et une partie de la vallée Komanica. Le Dormitor est un large plateau d'altitude moyenne, strié de fréquents canyons. Les espaces sont sauvages et dépeuplés. Après une route toujours impressionnante, j'arrive sur le plateau du Dormitor. Je suis dans les Causses cévenoles. Une immensité vallonnée qui s'étale à perte d'horizon. Le paysage est diabolique : des vallons, des effondrements, des zébrures verticales, des chemins comme des traces qui serpentent, disparaissent, cheminent et rebondissent dans le ciel. Trsa apparaît à la croisée des routes. Je stoppe pour un verre de carburant, une bière Niegos. Dans une auberge presque au milieu de nulle part, le silence est impressionnant ; enfin l'air est au frais. Ce soir exceptionnellement je vais bien dormir. Je n'ai plus d'adjectif pour encenser le Monténégro. Tout sort de l'ordinaire, tout est déraisonnable. J'aperçois des paysans à la faux. Je stoppe, m'avance au-devant d'eux et comme d'habitude, quémande une photo. Deux frangins solides et joviaux en rajoutent même. « D'où je viens ? Frantcuski ! » Aussitôt, les deux frères, le père mis au repos et un ami lâchent le labeur. Je dois les suivre à la maison. C'est certain, ça va finir à la ramasse. Il est 9 heures du matin, je suis attablé avec un godet rempli de *rakia*, une vodka attend sur la table et une bière pour chacun. Je ne suis pas du matin… Pour l'alcool ! Fromage, cuisseau fumé de chèvre ; au moins ça éponge. L'ami qui est flic dans le civil, demande une mandoline et entonne un air traditionnel ; l'ambiance est partie. Le vieux parle quelques mots russes, il me dit qu'il n'y voit pas trop. En mon honneur, il prend un revolver et tire en l'air dans le plafond ; résultat, il pète le lustre ! Le fou rire est général. Je lui glisse quand même : « Dis moi papa, pour choper le lustre il faut bien y voir quand même ! » Nous sommes restés attablés tardivement et je suis reparti sur le coup de midi. La rencontre était magnifique.

Tomo Adzic

J'ai rencontré Tomo dans le Durmitor, à Trsa. J'ai pris ces deux fils en photos en train de couper à la faux. J'ai dit que j'étais Frantkuski et aussitôt, ils ont stoppé le travail ; on est allé à la maison. Ils ont sorti un cuisseau de chèvre fumé, du fromage, la rakia, la vodka et les bières. Il était 9 heures du matin. Le père a voulu, en mon honneur, porter un toast à sa façon en sortant un flingue de la guerre et en criant, j'imagine, « Vive la France » !

*La vie rurale en résumé : on exécute le travail puis on le stocke.
Le labeur achevé, on le fête mais il faut des ingrédients : l'alcool et la musique.*

Parc national au cœur du Durmitor, avec son lac temporairement asséché.

Chalets classiques bien ordonnés, face à la pente, adossés à la montagne qui protège ses ouailles.

Berger sans mouton ; il a simplement laissé filer les bêtes ; le cheptel connaît le chemin...

Vers Zabljak, boîtes aux lettres à miel.
Crno-Jezero, « le lac Noir ».

Zabljak en guise de dessert

Capitale du Durmitor, Zabljak est une des stations de ski du Monténégro. La plaine d'altitude est doucereuse, parsemée d'enclaves aux contours voluptueux. De-ci de-là, l'homme et la nature s'unissent ; la terre se laisse retourner ou ratisser, les abeilles élaborent du nectar ; aux premiers flocons les vallons offrent leurs flancs à dévaler. L'Office du tourisme annonce et propose 2 000 kilomètres de sentiers de randonnées à travers le Durmitor.

À Zabljak, une belle balade consiste à faire le tour du lac le Crno Jezero ; son charme et ses armes, la palette de couleurs que les saisons lui suggèrent. La force rurale, son extravagance, parfois qualifiée de « plus belle cruauté de la nature » favorisent l'émergence de mythes, contes populaires, mystères et diableries.

Dans la plaine de Zabljak. À chaque jour suffit sa peine, il n'est pas nécessaire de se presser, la lumière du jour va dicter le rythme et rien ne changera ; si, la neige en hiver !

LÉGENDE DU DUC MOMTCHILO

C'est au Durmitor qu'est née la légende du duc Momtchilo et de son cheval ailé Yaboutchilo. Un jour, Voukachine écrivit à Vidossava, femme du duc Momtchilo, seigneur du Durmitor. Il lui conseillait de faire assassiner son mari, parce que lui, le roi, était amoureux d'elle et désirait l'épouser. Vidossava répondit que la tâche serait malaisée : en effet, son mari était protégé par sa sœur Yévrossima et ses douze neveux. En outre il possédait un cheval ailé, Yaboutchilo, capable à tire-d'aile de le transporter où bon lui semblait. Vidossava prit sur elle de brûler les ailes de l'animal et de coller, avec du sang, le sabre de son mari dans son fourreau. Et à Voukachine, aidé de toute son armée, de faire le reste. Avant de rendre l'âme, le duc Momtchilo conseilla au roi Voukachine de prendre pour femme sa sœur Yérossima plutôt que la traîtresse Vidossava. Ce qu'il fit. Et Yérossima lui donna deux fils : Marko et Andriya.

Kasalica Hebojsa

Je l'ai croisé à zabliak. Il gardait ses moutons ; il était content que je vienne à ses devants. Il parlait un russe que je ne comprenais pas ; on a dû sortir les mains. Apparemment, depuis tout petit, il voulait faire le berger. Il est devenu berger et aimerait que son fils de 13 ans l'accompagne ; mais le fils doit aller à l'école, c'est ça son dilemme.

Les ponts unissent les hommes

De Zabljak, que je traverse, je rejoins le pont de Budecevica, ouvrage qui enjambe de belle façon la rivière Tara depuis 1946. Magnifique architecture des cinq arches en plein cintre d'une longueur de 365 mètres, portée par des piliers de 150 mètres de haut ; de loin on peut imaginer un ouvrage de dentelles finement élaboré. Défi technologique pour l'époque, il suscite toujours l'admiration, tant par son style que par l'histoire héroïque qui s'y rattache.

Le pont construit en 1940 fut détruit par un résistant, ingénieur du chantier, Lazar Jaukovic, promu héros national. Cela empêcha l'armée italienne, alliée des Allemands, de passer. Arrêté, il sera exécuté. À l'entrée du pont, une plaque commémorative lui rend hommage. Le pont fut reconstruit en 1946. Sous les arches, la rivière dévale en continu ; elle signe des courbes douces entre berges et campagne ; les paysages se chevauchent, s'harmonisent et se complètent de tons empruntés aux lumières ambiantes.

Le troupeau garde un berger isolé…
Le pont Budecevica enjambe la rivière Tara.
Lazar Jaukovic, son architecte, le détruisant pendant la guerre, empêcha les Italiens d'avancer. Il fut exécuté mais devint héros national.

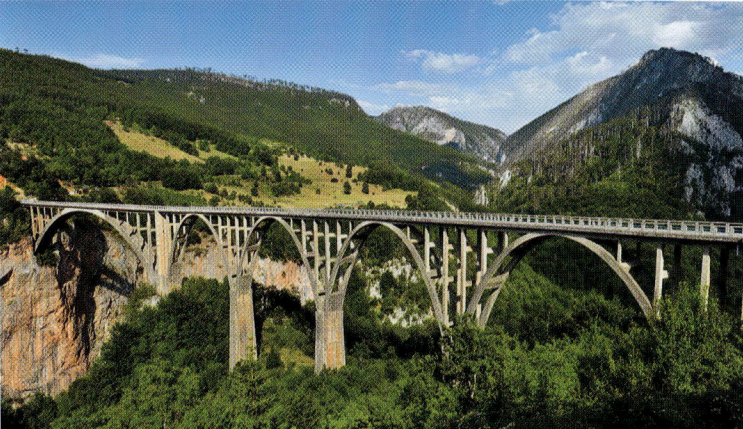

Promenons-nous dans le parc

Je retourne à Zabljack faire le plein de gazoline ; les stations ne sont pas nombreuses au Durmitor. Devant moi une voiture ; c'est le flic rencontré chez le vieux qui avait explosé le lustre. Il est tellement heureux de me voir qu'il m'emmène chez lui ; je suis presque contraint de rester deux jours avec toute la famille : Quant aux jeunes filles, femme, père et mère, voisin… Chacun aura son portrait. Tous se mettent en quatre pour que je sois à l'aise. Pour les jeunes filles, je suis une aubaine pour parler anglais ou italien. Retour sur cette route qui m'avait sauté au cœur ; celle qui traverse ce grand plateau de causses depuis Trsa. J'ai mes habitudes, je stoppe à un petit chalet avant le *pass* de Sedlo. J'y suis tellement bien ici. Chalet de bois, tables rustiques, effluves montagnards, ciel pur ou pleurnichard, dehors, la montagne est partout, inaccessible, dangereuse et envoûtante ; on est cerné par les roches ; en contrebas, des bergeries minuscules et des boules de laine blanche qui se meuvent et broutent en totale liberté. Une heure de pause et ça repart. J'ai un vrai projet ; ça fait trois jours que je demande, photo à l'appui où se trouve cette montagne. Tout le monde a, avec précision, une idée évasive. Je suis au *pass*, un *ranger* me demande 2 € puisque je me gare pour demander ma route, normal c'est le parc ! Tendant le bras vers le bas de l'autre versant, il m'indique un emplacement approximatif. « Là-bas à gauche, garez-vous, traversez la route, c'est tout droit ; deux heures de montée. »

Dans le Parc national du Durmitor, l'habitat de montagne est toujours isolé et souvent placé aux sommets, pour mieux surveiller les deux vallées.

Vue imprenable depuis le pass Skreko-Zdrijelo à 2 014 mètres et les incroyables plissements du Sareni-Pavosi.

Pas loquace mais efficace l'animal. Deux heures plus tard, après avoir escaladé la montagne avec la difficulté du terrain, j'arrive au passage : le Skrcko Zdrijelo, 2 114 mètres. Face à moi, la photo du guide, la crête Soa Nebeska. J'y suis resté plus d'une heure, médusé, abasourdi ; jamais vu une montagne si belle. Là, j'ai compris qu'on pouvait se repaître et se sustenter de beauté. Je suis dans une arène, un cirque avec des plis qui se déversent et se déploient de concert, des strates séculaires amoncelées dans un fatras orchestré par la magie des énergies et du temps déployé. Une vision m'effleure, un vertige ; j'ai un mot pour ça, en offrande : archangélique ! Je suis vidé d'un trop-plein visuel. Plus loin, sans même me déplacer, comme dans un fauteuil végétal, le Bobotov Kuk, point culminant et le Prutas à 2 393 mètres, avec ses griffes obliques, des orgues qui plongent de la terre au ciel, comme des tubulures de pouzzolane.

Un petit nid sur les hauteurs

Je monte plein nord à Kolasin, 950 mètres d'altitude. La ville a une vocation touristique et de transit. Le district est traversé par le train Belgrade-Bar et par la route Podgorica-Belgrade. On est en plein massif de Bjelasica avec le lac Biogradsko. Quant à la forêt de Biogradska Gora, elle est l'une des trois dernières forêts primaires d'Europe. La route se faufile dans les gorges de la Moraca sur presque 10o kilomètres, en suivant la rivière en parallèle. Visite éclair au monastère de Moraca. C'est un des petits-fils de Stepan Nemanja qui le fit construire en 1252. Aucun monastère ne se ressemble, tous ont une empreinte, la touche qui les fait rayonner. Celui-ci fait partie des principaux lieux orthodoxes du Monténégro. Il est surchargé de fresques ; avant d'arriver à la nef, l'iconostase s'enorgueillie d'une vierge à l'enfant de 1617. Kolasin ressemble bien à un village de moyenne montagne avec ses maisons trapues où le bois domine ; d'ailleurs la place centrale est faite de rondins de bois, à moins que ce ne soit des traverses de voies ferrées.

*Le monastère de Maraca est un hâvre de ressourcement.
C'est également un haut-lieu de la spiritualité au Monténégro.
Deux fours en activité. Ici on fait feu de tout bois !
Un tronc-pont. Tout se crée, rien ne se perd.*

Daniel Vincek

Daniel Vincek est alpiniste, auteur de guides de montagne et fondateur du jardin botanique de Kolasin, unique au Monténégro. Il a aujourd'hui 86 ans et dispense sa culture aux touristes, randonneurs, botanistes et curieux ; tout un monde qui le presse de questions auxquelles il répond avec passion.

On peut vite être conquis par ce petit éden de quiétude, un calme et une douceur de vivre qu'on retrouve à l'intérieur de l'église même si tout y est simple. Pour constater que la jeunesse semble joyeuse et nombreuse, il suffit de s'attarder le soir sur la rue principale et sa rangée de bars, restos et brasseries. Le peuple paraît y avoir rendez-vous perpétuellement. Au marché quotidien, lenteur et bonne humeur sont proverbiales. Le monde a l'air de se connaître ; tout le monde ! À force de fouiner, je fais des rencontres intéressantes. À la sortie de Kolasin, en direction de Mojkovac, la rivière Tara termine sa descente ; sur la rive droite, un couple de charbonniers s'époumone à remplir les fours pour en extraire du charbon de bois qu'ils vendront dans la vallée. J'ai appris à l'Office du tourisme qu'un jardin botanique, unique au Monténégro, était entretenu par un érudit botaniste que je me suis empressé de rencontrer. Daniel Vincek m'a aussi parlé des Katun, cabanes d'altitude habitées par des bergers mais également par des touristes ou des amoureux de la nature, capables de vivre en solitude ; ces cabanes sont dans les alpages, là où l'horizon et la ligne de crête se confondent.

*Le Sareni Pasovi ; la montagne est vieille et fatiguée ; elle coule, se défigure.
Mais même avachie, dieu qu'elle est belle !*

Patchwork montagnard.

Kolasin depuis un point élevé à l'orgueil de son pays ; elle abrite une forêt vierge, dite primaire.
Un farouche partisan de l'écologie botanique l'arpente sans cesse.

Le bois, produit de la montagne est présent partout ; maisons des villes et des hauteurs comme ces katum, *abris de bergers d'altitude. Le lac Biogradsko rutile.*

Exil à l'est

Je tente une exploration à l'extrême sud-est, dans une poche enclavée, à la lisière de deux pays ; l'Albanie et le Kosovo. Kolasin-Andrijevica, cinquante kilomètres d'une route épuisante, tourmentée, faite de lacets, d'étroitesse, de descentes et montées ; tous les ingrédients et les arguments d'une défection ; mais quelle beauté ! deux heures de trajet, d'arrêts photo, de petites chapelles émergées d'une nature arborée, dense et verdoyante. Bérane en pleine route semble plus laborieuse, le travail reprend ses droits ; un employé bichonne des milliers de poissons dorés qui s'agglutinent pour se jeter sur la pitance. Plus loin vers Murino, un scieur débite ; le bois est partout et la demande est forte.

Vers Bérane, uune chapelle isolée en plein bois attend son heure.
Une scierie, industrie essentielle du terroir et une porte
qui s'ouvre sur des champs en friche.
Le patrimoine est juste un témoin du passé.

Les exploitants forestiers sont nombreux. La vie rurale bat son plein et son foin. Les gestes du passé n'ont pas changé. Enfin Plav, enclave à majorité musulmane avec ses minarets effilés, son lac étonnant où des pêcheurs, dans la quiétude, semblent glisser sur le velours sans le froisser. La ville diffuse des relents nostalgiques comme ce collectionneur de tout, rencontré sur le marché. Il vit avec le passé des autres et ces musées de bois qui retiennent la tradition populaire. Au loin, les montagnes immenses comme des barrages sont de naturelles frontières avec l'Albanie. Je retourne à Kolasin, juste y passer la nuit pour traînasser dans une ambiance qui me convient.

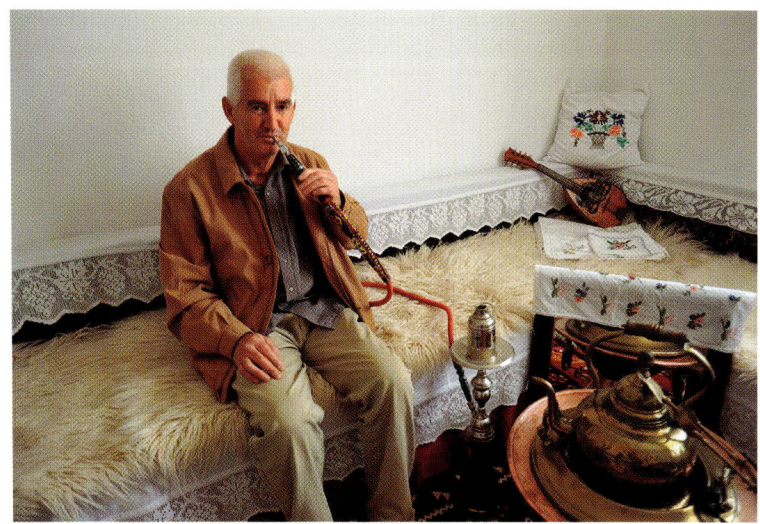

Plan, à l'est, est une enclave musulmane avec sa mosquée et son minaret qui s'élance comme une fusée sidérale. Évidemment, le narguilé est de sortie ; les coutumes diffèrent...

Donje-Lipovo et son cimetière en pleine nature ; les morts sont toujours dans le monde des vivants.
Une meule de foin, une épave qui va rouiller : mêmes scènes planétaires ;
le monde n'a enfanté que des hommes…

Défilé en fanfare

Donje Lipovo, à six kilomètres de Kolasin, m'a été conseillée par un jeune de l'Office du tourisme. Il en est originaire et m'a vanté ses atouts avec enthousiasme. J'ai tenté le coup avec un plaisir qui augmentait au fur et à mesure de ma progression. J'ai compris enfin que le Monténégro est un pays hors concours de beauté mais que les plus beaux espaces sont ceux qui se cachent encore, parce que la route est difficile d'accès, que les moyens manquent ou qu'une volonté de tranquillité subsiste. Et c'est peut-être ça qui est rassurant ? Je suis à trente kilomètres des gorges de Mrtvica, aussi difficiles à prononcer qu'à y déambuler. Le canyon, à quarante-cinq kilomètres de Podgorica, s'étire sur douze kilomètres. Il est assez aisé d'accès mais le danger vient plutôt des roches en surplomb qui semblent vouloir vous faire trembler. La balade se fait avec les yeux rivés au ciel ; marcher la tête haute est nécessaire, à moins d'être fataliste. Le torrent qu'on laisse sur la gauche est tumultueux, bouillonnant. Les chaos de pierres qui se rajoutent en s'empilant chaque jour offrent des figures inconcevables, des enchevêtrements angoissants mais d'une beauté pure. Parsemées au fil de la montée, des cuvettes qui permettent la baignade ou la trempette exhibent des couleurs cristallines qui ravissent les sensations. Le paysage parfois s'apaise mais c'est un leurre ; il peut se cabrer et vous rappeler à l'ordre. L'ordre des choses et de la nature. Au retour, petite collation et bibine au petit troquet du bord de route, juste pour remplir ce que j'ai transpiré. *Mama pivo* en est ravie.

Dans le défilé de Mrtvica, on doit s'attendre à tout. Un petit pont de bois, un plan d'eau discret, une déchirure d'entre les roches. Mais le danger vient du haut, gare aux éboulis…

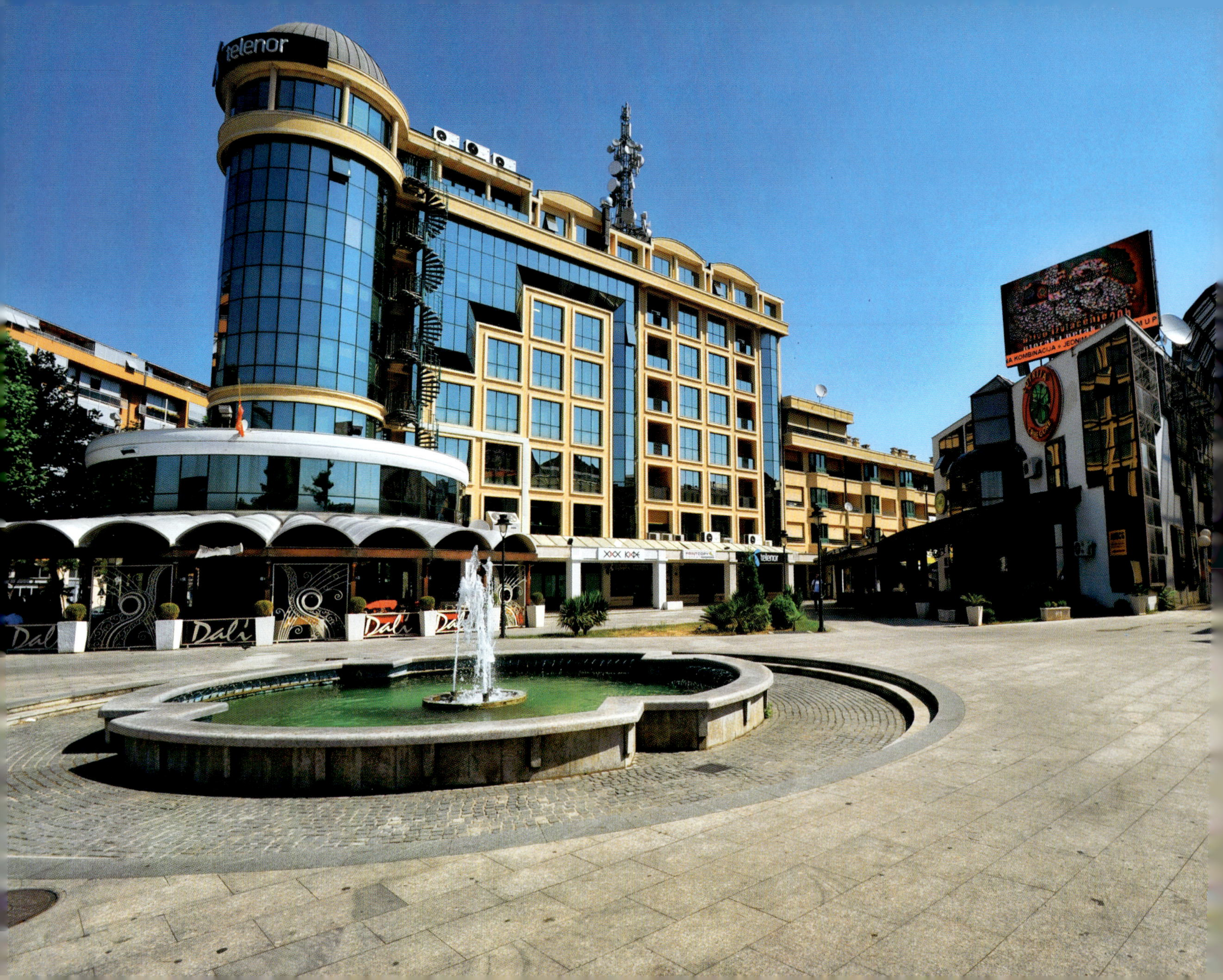
telenor
Dali
Dali
Dali
telenor

Podgorica, par son adhésion au modernisme, mérite son titre de capitale. De plus, elle est placée idéalement et possède un réseau routier très structuré. Le pont du Millénium, est au moins un bon repère pour les touristes.

CAPITALE
Belle et pimpante comme sa jeunesse, verre et pierre se marient

Je continue mon avancée. Objectif Podgorica ; repas de midi : une pastèque du bord de route. La capitale me prend à la gorge ; tour de ville pour évaluer les choses. L'ancien et le moderne se côtoient avec bonheur. Les parcs sont clairsemés ; statues, fontaines sont toujours des parcelles de bonheur. À l'époque romaine, elle s'appelait Birziminium, au XIIe siècle, Ribnica, après la deuxième guerre mondiale Titograd et depuis 1992 Podgorica. La capitale est idéalement placée pour évoluer dans la nouvelle société moderne de consommation. Sa position géographique, son réseau routier, son aéroport, une voie ferrée Belgrade-Bar, le tunnel de Sozina qui la rapproche de la mer et même son esprit qui lui donne des airs de supériorité non feints. Elle vit à l'occidentale, veut devenir Européenne et se modernise. Elle est entourée de cinq rivières, notamment la Moraca et ses bains turcs, la Zeta et la Ribnica ; elle se trouve proche du lac Skadar. La culture est vivace à Podgorica qui a une longue tradition de tolérance pour toutes les confessions. L'architecture moderne n'a rien à envier à une autre ville occidentale. Verre et pierre se marient avec harmonie. Le pont du Millénium qui enjambe la rivière Moraca est un pont à haubans de 150 mètres de long. C'est un repaire idéal pour se recentrer ou trouver le quartier chaud dès 17 heures lorsque la circulation devient interdite. Le pont est un relais idéal entre les vieux quartiers et la ville moderne.

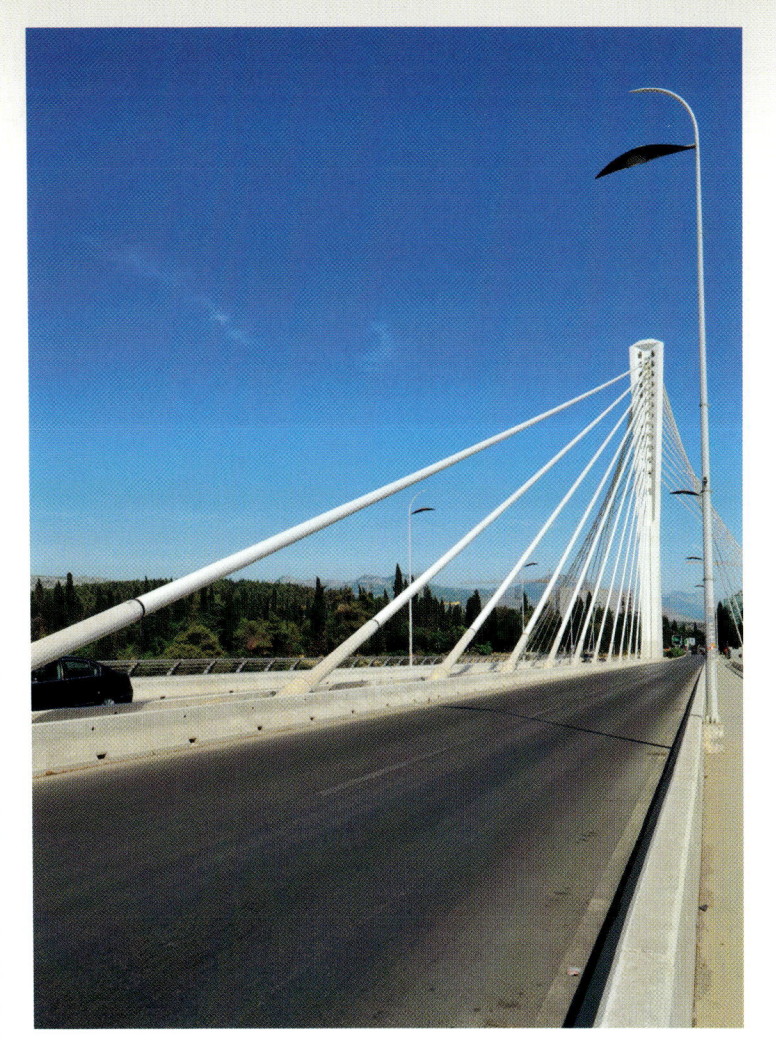

À Kolasin, la place a été pavée de bonnes intentions... En bois.

À Podgorica on a su lever le verre ; peut-être à sa postérité ?

La capitale ne lésine pas sur les projets. L'église de la Résurrection va bientôt être en ordre de vocation. Les prières vont s'égrener dans quelques mois.

Seuls quelques vestiges du passé ont été conservés : l'église Stevi Djorje du IXe siècle toujours en réfection et la tour d'horloge Sahat-Kula du XVIIIe siècle dans le quartier Stara Varos, là où la jeunesse est la plus défavorisée. Un projet en cours tend à donner à ce quartier ancien un cachet rustique, teinté d'orientalisme grâce à la mosquée. De l'autre côté du pont Millénium, le site des banques, des statuts, des parcs, des offices gouvernementaux et dans le carré de la place Républik, les rues Slobode et Hercegovacka. Mon coup de cœur est allé pour l'église de la Résurrection du Christ. Je suis rentré à tout hasard. Un seul fidèle, un ouvrier artiste qui s'acharnait sur une rosace et m'a autorisé à photographier à mon gré. En complète rénovation, justifiée par le nom de Résurrection, elle paraît immense et somptueuse. L'espace est apaisant malgré les échafaudages ; finalement ça lui donne un genre plus humain et moins mystique. J'y ai passé une bonne partie de la matinée.

Ultime chevauchée

Ulcinjé j'achève mon odyssée moderne avec la nostalgie des derniers tours de roue. La ville est la plus méridionale du Monténégro, avec des parfums de *riviera* italienne ou des odeurs, des attitudes et des saveurs d'Orient. Le centre ne se dévoile pas de suite ; il faut le mériter, suivre le monde, sentir où va la foule. Les quelques rues qui en constituent le cœur sont achalandées ; tout est dehors et tout déborde ; les voies principales sont en pente ou finissent en escaliers. Il y a ceux du haut, et ceux du bas. Le peuple se mélange ; les touristes et les indigènes sont en vrac, se côtoient, se mettent à l'aise, le torse nu et le verbe haut. Les commerces aguichent, clignent de l'œil. Venir en voiture est pure hérésie, on perdrait tout le bonheur de frôler le monde, s'y frotter, apostropher les uns, sourire aux autres ou s'en délecter. Le désordre est ordonné, les choses ont un sens… Caché. Le blanc domine, comme les minarets omniprésents. Les petits métiers de souk, de médina ou de bazar sont là, toujours en vie, en vue et en verve. Les terrasses s'étalent sur le quai, en bas juste à toucher la plage. S'y attabler est un réel bonheur, un remplissage d'émotions. Toute la palette humaine peut défiler devant vous. La planète est à vos pieds.

Ulcinj s'étale sur plusieurs niveaux :
le peuple du haut s'accroche à la colline ; en bas,
c'est vue sur le ciel et la mer…
Les touristes, eux, s'agglutinent et se vautrent sur
le sable chaud pendant que le reste du monde
tente de vivre son destin.

Pour changer d'ambiance, élevez-vous vers le vieux quartier, au pied des murailles, fondées au Ve siècle av. J.-C. Après le quai des restaurants, grimpez par les escaliers jusqu'à Stari Grad. De si haut, la plage est magnifique ; au pied des remparts un petit port en cercle presque fermé est à votre aplomb ; ensuite il faut déambuler dans ce dédale de venelles pavées, étroites, à la lueur des lampadaires. Petits restos, gargotes, tables d'hôtes, gîtes, galeries, le temps passe sans encombre. En remontant vers le centre, la plage de « ladies beach », ou plutôt Zenska Plaza, uniquement réservée aux femmes, dans la plus pure tradition musulmane. N'insistez pas, j'ai essayé ! À la sortie d'Ulcinjé, à l'embouchure de la rivière Bojana, les *kalimera* opèrent. Ils sont pêcheurs et ont fabriqué des cabanes montées sur pilotis en plein milieu du lit de la rivière. Leur technique de pêche est un système d'énorme filet, une nasse carrée, étendue de quatre à cinq mètres de côté, reliée aux quatre coins par des câbles qui peuvent la plonger dans l'eau et la relever. Si la chance est là, le poisson est dedans.

Ulcinj possède son port même si l'anse est réduite au folklore.
Intra-muros, la lumière est toujours maîtrisé et canalisé ; seul le courant d'air circule librement.
Derrière chaque ouverture, il y a souvent des surprises… Ou la mer !

Sur la Bojana, les marinéros sévissent ; en ville le monde s'installe sur les trottoirs. Ada Bojana, ancienne enclave hippie des années soixante, a laissé la place au tourisme et au nudisme.

Zorah Filipovickizo

Zorah à droite et ses copains, je les ai rencontrés dans un bar branché de Podgorica. Les jeunes m'ont raconté leur vie. Au Monténégro, tout le monde gagne 10 € par jour ; pour ceux qui travaillent. Ils n'y arrivent plus parce que Podgorica est devenue hors de prix ; Les loyers sont plus chers que le salaire. Zorah a dû retourner chez ses parents et sa copine chez les siens. Ils veulent partir à l'étranger.

Cette partie de la ville d'Ulcinjé est totalement différente. Un bazar permanent draine un tourisme avide de sucreries, de manèges, de produits de la pêche ; la circulation est déraisonnable et décadente ; quelques Roms font la manche ; apparemment, ils sont dans leur quartier d'été. En sortant de la ville, une énorme plage dans un site sinistrement plat ; on est à Ada Bojana. Un campement de touristes en bordure de rivière où une noria de restaurants pieds dans l'eau, montés sur pilotis, proposent tous les produits de la pêche. Passé le pont enjambant la rivière Bojana, un ancien site colonisé par les hippies des années 70, devenu un camp retranché de naturistes où il faut montrer patte blanche. Ulcinjé avec ses différences, ses contradictions et tout ce qu'il est difficile d'analyser recèle des atouts redoutables, une arme discrète et sournoise qui vous taraude le corps et vous frise à rebrousse-peau. Finalement, le Monténégro dans sa globalité et son originalité n'a été qu'une suite de hauts-le(s)-cœur(s). Des émotions qui suscitaient d'autres troubles et vertiges et ainsi de suite.
Et si c'était ça le bonheur, et si c'était ça le paradis ?

GÉNÉRALITÉS

Population : 661 807 habitants • **Superficie :** 14 000 km²
Langues : monténégrin, serbe, bosnien, albanais, croate
Monnaie : euro (Euro adopté unilatéralement, le Monténégro ne faisant pas partie de la zone euro).
Décalage horaire : aucun, GMT+ 1 h • **Formalités :** passeport en cours de validité
Aucune vaccination exigée.

ADRESSES UTILES

Ambassade du Monténégro : 216, Boulevard Saint-Germain 75007 Paris
Tél : 00 33 (0) 1 53 63 80 30 – Fax : 00 33 (0) 1 42 22 83 90
E-mail : france@mfa.gov.me

GRANDES FÊTES

7 janvier : Noël orthodoxe
14 janvier : Nouvel An orthodoxe
9 mai : Fête de la Victoire
13 juillet : Fête nationale du Monténégro
29 novembre : Jour de la République

J	F	M	A	M	J	J	A	S	O	N	D
6	7	10	14	19	24	27	27	23	17	12	8
165/10	180/12	145/9	100/8	105/9	60/5	40/4	50/3	110/6	230/9	210/13	225/12
14	13	14	15	17	21	23	24	23	21	17	15

TEMPÉRATURE MOY. °C À PODGORICA
PLUIE (hauteur en mm/jours) À PODGORICA
TEMPÉRATURE DE LA MER ADRIATIQUE

HISTOIRES DU TEMPS PASSÉ	5
TRAVERSÉE	9
LAC SKADAR	17
GRAND SUD ET LITTORAL	25
BOUCHES DE KOTOR	39
INTÉRIEUR DES TERRES	67
MONTAGNES ET ALTITUDES	85
CAPITALE	111

Photographies & textes
Sergio Cozzi

Cartographie
Pierre Hervé

Conception graphique
Bruno Pia

Photogravure
Quat' Coul
29000 Quimper

Avec la participation de
Nolwenn Cointo

Achevé d'imprimer en octobre 2012
sur les presses de l'Imprimerie SOFAG
Z.A. de Keranguéven
29590 Le Faou

ISBN 978-2-915002-49-2
Dépôt légal 4ᵉ trimestre 2012
N° d'édition 022

Imprimé en BRETAGNE

Éditions Géorama
14, rue Boussingault – 29200 BREST
Tél. 02 98 33 61 72
www.georama.fr